PARAMAHANSZA JÓGANANDA
(1893 — 1952)

PARAMAHANSZA JÓGANANDA

MONDÁSAI

Self-Realization Fellowship
FOUNDED 1920 BY PARAMAHANSA YOGANANDA

E KÖNYVRŐL: Paramahansza Jógananda mondásainak, anekdotáinak és bölcs szavainak e gyűjteményét a Self-Realization Fellowship eredetileg *The Master Said* (Mondá a Mester) címmel adta ki 1952-ben, röviddel Srí Jógananda elhunyta után. A könyv anyagát a Paramahansza Jógananda által alapított Self-Realization Fellowship szerzetesrend tagjai gyűjtötték össze és nyomtatták ki, s a könyv több mint negyven esztendeje folyamatosan újabb kiadásokban jelenik meg. Hálásak vagyunk a számos tanítványnak, akik a Srí Jóganandával folytatott személyes beszélgetéseikről és élményeikről őrzött dédelgetett emlékeiket osztották meg e könyvben.

Az angol eredeti címe és kiadója:
Self-Realization Fellowship, Los Angeles (California):
Sayings of Paramahansa Yogananda

ISBN: 978-0-87612-115-3

Magyarra fordíttatta a Self-Realization Fellowship

Első magyar nyelvű kiadás, 2022.
First edition in Hungarian, 2022
2022. évi kiadás
This printing 2022

ISBN: 978-0-87612-996-8

1135-J7298

TARTALOM

ILLUSZTRÁCIÓK

Paramahansza Jógananda:

az alábbi oldalakon

PARAMAHANSZA JÓGANANDA SPIRITUÁLIS HAGYATÉKA

Összes írása, előadása és nem hivatalos beszéde

Paramahansza Jóganandát egy évszázaddal a születése után máris korunk egyik kiemelkedő spirituális alakjaként ismerik el; s életének és munkásságának befolyása egyre növekszik. Az általa évtizedekkel ezelőtt bevezetett vallási és filozófiai fogalmak és módszerek közül jó néhány csak napjainkban kezd széles körű elfogadást nyerni az oktatásban, a pszichológiában, az üzleti életben, az orvostudományban és egyéb tevékenységi területeken – messzemenően hozzájárulva az emberi élet egységesebb, humánusabb és egyben spirituálisabb jövőképének kialakításához.

A tény, hogy számos különböző terület szakemberei – valamint a legkülönbözőbb filozófiai és metafizikai mozgalmak képviselői – foglalkoznak Paramahansza Jógananda tanításainak értelmezésével és kreatív alkalmazásával, nem pusztán e tanítások nagy gyakorlati hasznosságát bizonyítja, hanem egy olyan eszköz szükségességét is világossá teszi, amellyel biztosíthatjuk, hogy a Srí Jógananda által hátrahagyott spirituális örökség ne híguljon fel, ne váljon töredékessé vagy torzuljon el az idő múlásával.

Tekintve a Paramahansza Jóganandával kapcsolatban rendelkezésre álló információforrások egyre szélesebb választékát, az olvasók gyakran érdeklődnek, miként bizonyosodhatnak meg afelől, hogy valamely kiadvány híven mutatja-e be a Mester életét és tanításait. Eme érdeklődésre adott válaszul szeretnénk elmondani: Srí Jógananda éppen azért alapította a Self-Realization Fellowshipet, hogy terjessze tanításait, s megőrizze azok tisztaságát és csorbítatlanságát a jövendő nemzedékek számára. Ő személy szerint válogatta és képezte ki azokat a közeli tanítványait, akikből a Self-Realization Fellowship[1] Kiadványok Bizottsága áll, és konkrét irányelvekkel látta el őket tanításai előkészítésére és kiadására vonatkozóan. Az SRF Kiadványok Bizottságának tagjai (szerzetesek és apácák, akik a

---

[1] Szó szerinti fordításban: Az Önvalóra Ébredés Társasága. Paramahansza Jógananda értelmezésében a Self-Realization név jelentése: „Közösség Istennel az Önvalóra ébredés révén, és barátság minden igazságkereső lélekkel." Lásd még: A Self-Realization Fellowship céljai és törekvései.

lemondás és önzetlen szolgálat életre szóló fogadalmát tették) szent igazságként tartják tiszteletben ezeket az irányelveket, hogy szeretett világtanítójuk egyetemes üzenete a maga eredeti erejével és hitelességével éljen tovább

A Self-Realization Fellowship név és az SRF embléma (amely az V. oldalon látható) Srí Jóganandától származik, hogy azonosíthatóvá tegye a szervezetet, amelyet az egész világra kiterjedő spirituális és emberbaráti munkájának továbbvitele céljából alapított. E jelzések a Self-Realization Fellowship valamennyi könyvén, hang- és videofelvételén, filmjén és egyéb kiadványain megjelennek, szavatolva, hogy az adott mű a Paramahansza Jógananda által alapított szervezettől származik, és híven tolmácsolja a Mester tanításait, ahogyan ő maga is meg kívánta osztani azokat.

Self-Realization Fellowship

ELŐSZÓ

Kit nevezhetünk jogosan Mesternek? Annyi bizonyos, hogy egyetlen hétköznapi ember sem méltó e címre. De időről időre megjelenik a földön egy, a szentek társaságából való, akire így utal a Galileai Mester: „A ki hisz én bennem [a Krisztus-tudatban], az is cselekszi majd azokat a cselekedeteket, a melyeket én cselekeszem."[2]

Az ember úgy válhat Mesterré, ha megfegyelmezi a kicsiny ént, avagy egót az által, hogy valamennyi vágyát felszámolja egyetlenegy – az Isten utáni vágyakozás – kivételével; ha szíve mélyéből Neki szenteli önmagát; és az elmélyült meditáció, avagy az Egyetemes Szellemmel való lelki egyesülés által. Azt nevezhetjük jogszerűen Mesternek, akinek tudata rendíthetetlenül gyökerezik az Úrban, az egyetlen Valóságban.

Paramahansza Jógananda, a Mester, akinek szavait szeretettel feljegyeztük e könyvben, az egész világ tanítója volt. A Mester valamennyi jelentős szentírás

[2] Ján 14:12

Előszó

lényegi egységére rámutatott abbéli törekvésében, hogy a spirituális megértés eltéphetetlen kötelékeivel fűzze egymáshoz a keleti és nyugati világot. Élete és munkássága révén megszámlálhatatlan szívben gyújtotta fel az Isten iránti szeretet mennyei szikráját. Félelmet nem ismerve élt a vallás legmagasabb rendű előírásai szerint, és hirdette, hogy a Mennyei Atya valamennyi híve – hitvallására való tekintet nélkül – egyformán kedves Őelőtte.

Paramahansza Jóganandát a nyugati világban betöltendő küldetésére egyetemi végzettsége és sokéves spirituális képzése készítette fel, amelyben szülőföldjén részesült, guruja (spirituális tanítómestere), Szvámi Srí Juktesvar spártai fegyelme alatt. A Mester 1920-ban érkezett Bostonba a Vallási Szabadelvűek Kongresszusára delegált indiai küldöttként, és több mint harminc esztendőn át maradt Amerikában (1935-36-ban tett világ-utazásától eltekintve).

Tüneményes siker kísérte abbéli erőfeszítéseit, hogy felébressze az emberekben az Istenre való hangolódás vágyát. Jógatanfolyamai[3] több száz városban döntötték meg minden korábbi látogatottsági rekordot. Ő személy szerint százezer tanítványt avatott be a jógába.

---

[3] Lásd a szójegyzéket.

Azon hívek számára, akik a szerzetesek útját óhajtják követni, a Mester több Self-Realization Fellowship asramközpontot alapított Dél-Kaliforniában. Az igazságkeresők e helyszíneken nagy számban tanulnak, dolgoznak és vesznek részt a meditációs gyakorlatokban, amelyek elcsitítják az elmét, és felébresztik a lélek-tudatosságot.

A Mester amerikai életének alábbi mozzanata híven szemlélteti, milyen szeretetteljes fogadtatásban részesítették a spirituális fogékonysággal felruházott emberek:

Egy nap az Egyesült Államok különböző tájait érintő körutazása során a Mester megállt, hogy meglátogasson egy keresztény kolostort. A testvérek, látván sötét bőrét, hosszú, fekete haját és okkerszín köntösét – a Szvámi-rend[4] szerzeteseinek hagyományos öltözékét –, bizonyos kétségekkel fogadták. Mivel pogánynak vélték, már éppen készültek megtagadni tőle az apáttal való találkozást, amikor ez a jóravaló férfiú belépett a helyiségbe. Sugárzó arccal és kitárt karral közelítve átölelte Paramahanszadzsít,[5] miközben így kiáltott: „Isten embere! Boldog vagyok, hogy eljöttél hozzánk!"

E könyv számos további személyes bepillantást kínál

---

[4] Lásd a szójegyzéket.

[5] Lásd a „dzsí" szót a szójegyzékben.

az olvasónak a Mester végtelenül sokoldalú jellemébe, amely csak úgy sziporkázott az emberek iránti együtt érző megértéstől, és Isten határtalan szeretetétől.

Kiváltság és szent kötelezettség a Self-Realization Fellowship számára, mely társaságot Paramahansza Jógananda valamennyi tanításának és írásának elterjesztése és megörökítése végett alapította, hogy ezennel közreadja a Mester válogatott mondásait. E kötetet az Ő egész világra kiterjedő családja, a Self-Realization Fellowship tanítványainak és az összes többi igazságkeresőnek ajánljuk.

PARAMAHANSZA JÓGANANDA MONDÁSAI

Paramahansza Jógananda
mondásai

– Uram, mitévő legyek, hogy rátaláljak Istenre? – kérdezte egy tanítvány.

Mire a Mester így felelt:

– Szabadidőd minden rövidke percében merítsd meg elméd az Ő végtelenségének gondolatában. Szólj Hozzá meghitt szavakkal, hiszen Ő égen-földön a legközelebbi és a legdrágább számodra. Úgy imádd Őt, miként fösvény a pénzét, miként szenvedély tüzelte férfi a kedvesét, ahogy a fuldokló a levegőt. Amikor elég hőn sóvárogsz Isten után, el fog jönni hozzád.

• • •

Egy növendék panaszkodott a Mesternek, hogy nem talál munkát. A Guru[5] így szólt:

---

[5] Lásd a szójegyzéket.

1

Paramahansza Jógananda mondásai

– Ne tápláld tovább e bomlasztó gondolatot! A
világegyetem részeként neked alapvető helyed van
benne. Ha muszáj, forgasd fel az egész világot, hogy
rátalálj a munkádra. Ne add fel, és el fogod érni a sikert!

• • •

– Bárcsak volna hitem, Mester! – szólott egy férfi.
Mire Paramahanszadzsí azt felelte:
– A hitet ápolnunk kell, vagy még inkább: fel kell
tárnunk a bensőnkben. Ott rejlik bennünk, csak felszínre
kell hoznunk. Ha szemügyre veszed az életed, akkor látni
fogod, hogy Isten megszámlálhatatlan módon munkál
benne; hited ezáltal erősödni fog. Kevesen keresik az Ő
kezének rejtett művét. Az emberek zöme természetesnek
és elkerülhetetlennek tekinti az események folyását.
Vajmi keveset tudnak arról, milyen gyökeres változásokat
érhetünk el az imádság révén!

• • •

Egy bizonyos tanítvány mindig megsértődött,
valahányszor felemlegették a hibáit. Egy napon
Paramahanszácska így szólt a nőhöz:
– Miért tiltakozol folyton a helyreigazítás ellen? Hát
nem ezért vagyok én itt? Az én gurum gyakran megrótt

2

engem mások előtt is. Mégsem vettem zokon, mert tudtam, hogy Srí Juktesvardzsí csak a tudatlanságomat igyekszik eloszlatni. Ma már nem vagyok érzékeny a bírálatra; egyetlen beteg rész sem maradt bennem, ami mások érintésére felsajdulna. Ezért szembesítelek kertelés nélkül a hiányosságaiddal. Ha nem gyógyítod meg elméd érzékeny pontjait, minden alkalommal összerándulsz, amikor valaki rájuk tapint.

• • •

Így szólt a Mester tanítványai egy csoportjához:

– Az Úrnak köszönhetjük e földön tett látogatásunkat, ám legtöbbünk csakhamar nemkívánatos vendéggé válik, hiszen bizonyos dolgokra úgy tekintünk, mint amelyek egyes-egyedül a miénk. Ittlétünk átmeneti jellegéről megfeledkezve különböző érzelmi kötődéseket alakítunk ki: „az én otthonom", „az én munkám", „az én pénzem", „az én családom". Amikor azonban e földi tartózkodási engedélyünk lejár, minden emberi kötelék elenyészik. Kénytelenek vagyunk magunk mögött hagyni mindazt, amit birtokolni véltünk. Az Egyetlen, aki mindenhová elkísér bennünket, a mi Örökkévaló Rokonunk, Isten. Ébredjetek hát rá *most*, hogy lelkek vagytok, nem test! Miért kellene megvárni, hogy a halál

3

durván tanítson meg rá benneteket?

• • •

A Mester szükségesnek találta, hogy egyik tanítványát megfeddje egy súlyos vétek miatt. Később nagyot sóhajtva így szólt:
– Csak a szeretet erejével óhajtanék befolyásolni másokat. Egyszerűen elcsüggeszt, ha kénytelen vagyok más nevelési módhoz folyamodni.

• • •

Egy gőgös intellektuel bonyolult bölcseleti problémákról vitatkozván igyekezett zavarba ejteni a Mestert. Mire Paramahanszadzsí mosolyogva így szólt:
– Az igazság sosem fél a kérdésektől.

• • •

– Túl mélyen belegabalyodtam a hibáimba, hogysem bármiféle spirituális előrehaladást tehetnék – vallotta be szomorúan egy növendék Paramahanszácskának.
–Rossz szokásaim olyan erősek, hogy egészen kimerültem az ellenük vívott küzdelemben.
– Vajon holnap felkészültebb leszel az ellenük vívott harcra, mint amilyen ma vagy? – kérdezte a Mester.

– Miért tetéznéd a ma hibáival a tegnapét? Valamikor úgyis Istenhez kell folyamodnod, hát nem jársz jobban, ha most nyomban megteszed? Csak add át magad Neki, és mondd: „Uram, legyek bár komisz vagy jó, a Te gyermeked vagyok. Gondot kell viselned rám." Ha kitartóan próbálkozol, igenis meg fogsz javulni. „A szent olyan bűnös, aki nem adta fel."

•　•　•

– Az emberek a benső öröm híján fordulnak a gonoszhoz – mondta a Mester. – Ha az Üdvös Boldogság Istenén meditálunk, átjár bennünket a jóság.

•　•　•

– A test, az elme és a lélek kölcsönösen összekapcsolódnak egymással – mondta a Mester. – Az embernek megvan a maga kötelessége a teste iránt – hogy jó erőnlétben tartsa; az elméje iránt – hogy fejlessze képességeit; és a lelke iránt – hogy naponta meditáljon létének Forrásán. Ha teljesítjük a lelkünk iránti kötelességünket, a test és az elme is hasznát látja; ha azonban elhanyagoljuk a lelket, előbb-utóbb a test és az elme is megsínyli.

•　•　•

– A teremtett világon mindennek megvan a maga egyedi jellege – mondta a Mester. – Az Úr sohasem ismétli önmagát. Hasonlóképpen az ember Isten-keresése is számtalan különböző megközelítésmóddal és formában mehet végbe. A hívek mindegyike más-más idillt él át Istennel.

• • •

– Hozzásegíti az Ön által nyújtott képzés a növendékeket, hogy megbékéljenek önmagukkal? – érdeklődött egy látogató.

Paramahanszadzsí így felelt:

– Igen, de nem ez a tanításom lényege. A fő az, hogy megbékéljünk Istennel.

• • •

A remetelak egy látogatója kétségét fejezte ki az ember halhatatlanságával kapcsolatban. A Mester így szólt:

– Próbálja tudatosítani magában, hogy Ön egy isteni utazó. Csak rövid ideig tartózkodik e földön, azután továbbindul egy egészen másmilyen és lenyűgöző világ felé.[6] Ne korlátozza hát gondolkodását egyetlen röpke

---

[6] Lásd az „asztrális világok" kifejezést a szójegyzékben.

életre és egyetlen kicsinyke földre! Jusson eszébe, mily roppant hatalmas az Önben lakozó Szellem!

• • •

– Az ember és a Természet elválaszthatatlanul összefonódik és egymáshoz kapcsolódik egy közös sorsban – mondotta a Mester. – A Természet erői együttműködve szolgálják az embert – a nap, a föld, a szél és az eső segítenek megtermelni táplálékát. Az ember pedig befolyásolja a Természetet, csakhogy rendszerint tudtán kívül. Az árvizek, forgószelek, földrengések és az összes többi természeti csapás mind a temérdek helytelen emberi gondolat következményei. Minden egyes útszéli virágszál valaki mosolyának a megnyilvánulása, minden szúnyogban valaki maró gúnyszavai öltenek testet. Ha a teremtés ura alszik, szolgája, a Természet fellázad és zabolátlanná válik. Minél inkább feleszmél az ember spirituálisan, annál könnyebben tartja ellenőrzése alatt a Természetet.

• • •

– A vízbe öntött tej elkeveredik, a tejből köpült vaj azonban lebeg a víz színén – mondotta a Mester. – Hasonlóképpen a hétköznapi ember elméjének teje egykettőre felhígul a káprázat vizében.[7] A spirituális önfegyelemmel rendelkező személy azonban az isteni szilárdság vaj-állapotába köpüli elméjének tejét. Az ilyen ember a földi vágyaktól és kötődésektől megszabadulván képes higgadtan lebegni az evilági élet vizein, mindenkor Istennek szentelve magát.

• • •

Amikor egy bizonyos növendék megbetegedett, Paramahanszadzsí azt tanácsolta neki, hogy menjen orvoshoz. Egy tanítványa megkérdezte tőle:

– Mester, miért nem *te* gyógyítottad meg azt a nőt?

– Akik megkapták Istentől a gyógyítás képességét, csakis akkor használják fel, amikor Ő elrendeli – felelte a Guru. – Az Úr tudja, gyermekeinek olykor szükségük van arra, hogy szenvedésen menjenek keresztül. Akik isteni gyógyulásra vágynak, azoknak készen kell állniuk arra, hogy Isten törvényeivel összhangban éljenek. Maradandó gyógyulás nem lehetséges, ha az illető továbbra is ugyanazokat a hibákat követi el, s ekként maga idézi elő a betegség kiújulását.

– A valódi gyógyulás csak a spirituális megértés

---

[7] Lásd a „májá" szót a szójegyzékben.

8

révén mehet végbe – folytatta. – Az ember valódi
természetével avagy lelkével kapcsolatos tudatlansága
a gyökere minden más bajnak, legyen bár testi, anyagi
vagy elmebeli.

• • •

– Uram, úgy tűnik, hogy nem haladok előre meditációs
gyakorlataimban. Semmit sem látok és hallok – mondta
egy növendék.
Mire a Mester így felelt:
– Keresd Istent Önmagáért! A legmagasabb rendű
megtapasztalás Üdvös Boldogságként érzékelni Őt, mely
saját lényed feneketlen mélységeiből tör fel. Ne sóvárogj
látomások, spirituális jelenségek vagy izgalmas élmények
után. Az Istenséghez vezető út nem holmi cirkusz.

• • •

– Az egész világegyetemet a Szellem alkotja – mondta
a Mester tanítványai egy csoportjának. – A csillagok,
a kövek, a fák és az ember egyaránt az Egyetlen
Szubsztanciából, Istenből áll. Ahhoz, hogy a sokszínű
teremtést létrehozza, az Úrnak mindent fel kellett
ruháznia az egyéni jelleg *látszatával*. Ha képesek
lennénk könnyűszerrel felismerni, hogy Egyetlenegy

Személy viszi színre a darabot – hogy maga írja a szöveget, festi a díszleteket, rendezi a jeleneteket, és játssza az összes szerepet –, egyhamar beleunnánk e földi látványosságba. Azonban „az előadásnak folynia kell tovább"; ezért hát a Színműíró-Mester felfoghatatlan leleményességével szerte a kozmoszban kimeríthetetlen sokféleséget nyilvánított meg. A valótlanságoknak látszólagos valódiságot kölcsönzött.

– Mester, miért kell az előadásnak folytatódnia? – firtatta az egyik tanítvány.

– Mert ez Isten *lílá*ja, játéka avagy mulatsága – felelte a Guru. – Istennek joga van ahhoz, hogy sokasággá ossza fel magát, ha Neki úgy tetszik. Az ember számára az egészben az a lényeg, hogy keresztüllásson az Ő fortélyán. Ha Isten nem leplezné el magát a *májá* fátylával, nem létezhetne a teremtés Kozmikus Játéka. Ő megengedte nekünk, hogy bújócskát játsszunk Vele, hogy megpróbáljunk rábukkanni, és megnyerni a fődíjat.

• • •

A Mester így szólt tanítványai egy csoportjához:

– Tudom, hogy ha semmim sem volna, tibennetek akkor is olyan barátokkal bírnék, akik mindent megtennének értem. És ti is tudjátok, hogy énbennem olyan barátra leltetek, aki minden úton-módon segítségetekre lesz. Hiszen mi egymásban Istent látjuk. Ez a legszebb emberi kapcsolat.

• • •

A Mester rendszerint ragaszkodott hozzá, hogy a környezetében csendben legyenek.

– A csend mélységeiből Isten Üdvös Boldogságának gejzírje buzog fel szüntelen, hogy eláradjon az ember egész lényén.

• • •

A tanítványok kiváltságnak tartották, ha szolgálatot tehettek a Gurunak, aki szakadatlanul az ő jólétükért munkálkodott. A Mester e szavakkal fordult egy csoportnyi hívőhöz, akik elvégeztek számára valamely feladatot:

– Mindnyájan úgy elárasztotok engem a figyelmességeitekkel!

– Ugyan, dehogy! Te halmozol el bennünket a jóságoddal, Mester! – kiáltott fel az egyik tanítvány.

– Isten segíti Istent – felelte erre Paramahanszadzsí kedves mosolyával. – Ez az Ő emberéletekre írt színjátékának „titkos terve."

11

• • •

– Foszlass szét minden vágyat; szabadulj meg az egótól... mindez felettébb negatívan hangzik számomra, Mester – jegyezte meg egy növendék. – Ha ennyi mindenről lemondok, ugyan mi marad nekem?

– Minden az égvilágon, hiszen bővelkedni fogsz a Szellemben, az Egyetemes Szubsztanciában – felelte a Mester. – Többé nem leszel zavaros fejű koldus, aki megelégszik kevéske kenyérhéjával és egynémely testi kellemetességekkel, hanem visszanyered magasztos helyed a Végtelen Atya fiaként. Márpedig ez korántsem negatív állapot!

Majd hozzáfűzte:

– Az ego elűzése módot ad rá, hogy valódi Éned felragyogjon. Az isteni lényeg tudatosítása oly állapot, mit szavakkal nem lehet leírni, hiszen semmi sem fogható hozzá.

• • •

Miközben a Szentháromság mibenlétét magyarázta tanítványai egy csoportjának, a Mester az alábbi hasonlatot használta:

– Úgy is mondhatjuk, hogy a jelenségeken túli, rezgés nélküli üességben létező Atyaisten a Tőke, amely a teremtés „alapját biztosítja". A Fiú, avagy a világegyetemet átható intelligens Krisztus-tudat a Menedzser. A Szentlélek pedig, vagyis a láthatatlan isteni rezgéserő, amely a kozmoszban minden formát létrehoz, a Munka.[8]

•　•　•

– Mester, te arra tanítottál bennünket, hogy ne imádkozzunk dolgokért, csak azt óhajtsuk, hogy Isten feltárulkozzék előttünk. Soha nem szabad hát azt kérnünk Tőle, hogy ellássa egy bizonyos szükségletünket? – érdeklődött az egyik tanítvány.

– Nincs abban semmi rossz, ha elmondjuk az Úrnak, hogy szeretnénk valamit – felelte Paramahanszadzsí –, de szilárdabb hitre vall, ha egyszerűen annyit mondunk: „Mennyei Atyám, jól tudom, hogy Te előre látod mindennemű szükségemet. Viselj hát gondot rám a Te akaratod szerint." Ha példának okáért egy ember erősen áhítozik egy kocsira, és kellő buzgalommal imádkozik érte, meg fogja kapni. Azonban meglehet, hogy a kocsi birtoklása nem a legszerencsésebb dolog számára. Az Úr olykor azért nem válaszol apró-cseprő imáinkra,

[8] Lásd a „Szat-Tat-Aum" kifejezést a szójegyzékben.

13

mert hasznosabb adománnyal kíván megajándékozni bennünket.

Majd hozzátette:

– Bízz jobban Istenben! Higgy benne, hogy a te Teremtőd gondoskodik rólad.

• • •

Egy tanítvány, aki úgy érezte, hogy elbukott egy nehéz spirituális próbatételen, hevesen ócsárolta magát. A Mester így szólt hozzá:

– Ne gondolj magadra bűnösként! Ha így teszel, megszentségteleníted a bensődben lakozó isteni képmást. Miért azonosulnál a gyarlóságaiddal? Inkább erősítsd meg magadban az igazságot: *Isten gyermeke vagyok.* És így imádkozz hozzá: „Legyek bár komisz vagy jó, én Tehozzád tartozom. Tedd, hogy újfent emlékezzek Reád, Ó Mennyei Atyám!"

• • •

– Sokszor úgy gondolom, hogy Isten megfeledkezik az emberről – jegyezte meg az encinitasi[9] rendház egyik

---

[9] Encinitas tengerparti város Dél-Kaliforniában, ahol az SRF egy Jóganandadzsí által 1937-ben alapított asram-központja található.

látogatója. – Az Úr bizony eléggé elzárkózó.

– Az ember az, aki elzárkózik – felelte a Mester.

– Ugyan ki keresi Istent? A legtöbb ember elméjének temploma a nyughatatlan gondolatok és vágyak bálványképeivel van telezsúfolva; az Urat nem méltatják figyelmükre. Ő ennek dacára időről időre elküldi megvilágosodott fiait, hogy emlékeztessék az embert isteni örökségére. Isten sosem hagy el bennünket. Csendben munkálkodik minden úton-módon, hogy segítse szeretett gyermekeit, és meggyorsítsa spirituális fejlődésüket.

• • •

A Mester azt mondta egy tanácsát kérő ifjú hívének:

– A világ rossz szokásokra kapat téged, de a világ nem fogja vállalni a felelősséget a belőlük fakadó botlásaidért. Akkor hát miért áldoznád minden idődet erre a hamis barátra – a világra? Tarts fenn naponta egy órát lelked tudományos feltérképezésére! Az Úr – akinek az életedet, a családodat, a pénzedet és minden egyéb értékedet köszönheted – talán nem érdemli meg időd egy huszonnegyed részét?

• • •

– Uram, miért űznek csúfot egyes emberek a szentekből? – kérdezte egy tanítvány.

A Mester így felelt:

– A gonosztevők gyűlölik az igazságot, a világi emberek pedig elégedettek az élet hullámhegyeivel és -völgyeivel. Egyik sem akar megváltozni; így hát egy szentnek már a gondolata is kínos számukra. Olyasvalakihez lehetne hasonlítani őket, aki hosszú éveken át élt egy sötét szobában. Amikor végre jön valaki, és világosságot gyújt, a félvak embernek a hirtelen fényesség természetellenesnek tűnik.

• • •

A Mester egy napon a faji előítéletekről szólván így nyilatkozott:

– Isten nem örül, ha sértegetik, amikor a sötét öltönyét viseli.

• • •

– Éppúgy nem szabad megrettennünk a szenvedés rémálmaitól, ahogyan nem szabad hagynunk, hogy a szép élmények álmai túlontúl fellelkesítsenek bennünket – mondotta a Mester. – Ha soká időzünk a *májá* eme kettősségeinél, avagy „ellentétpárjainál", szem elől tévesztjük Istent, az Üdvös Boldogság Változhatatlan Honát. Midőn feleszmélünk Őbenne, rá fogunk döbbenni, hogy a halandó élet csupán árnyakból és fényből álló kép, amelyet egy kozmikus filmvászonra vetítenek.

• • •

– Bármennyire igyekszem lecsillapítani elmémet, hiányzik belőlem az erő, hogy száműzzem a csapongó gondolatokat, és behatoljak benső világomba – jegyezte meg egy látogató. – Bizonyára híján vagyok az áhítatnak.

– Ha csendben üldögél, és megpróbál áhítatot kicsiholni magából, azzal legtöbbször semmire sem jut – mondotta a Mester. – Éppen ezért tanítom én a meditáció tudományos technikáit. Gyakorolja őket, és képes lesz elvonatkoztatni elméjét az érzékek figyelemelterelő észleleteitől és a gondolatok máskülönben szakadatlan folyamától.

Majd hozzáfűzte:

– A *Krija-jóga*[10] révén az ember tudata magasabb síkon működik; a Végtelen Szellem iránti áhítat ekkor spontán módon ébred fel az ember szívében.

---

[10] Lásd a szójegyzéket.

• • •

Srí Jóganandadzsí a következőképpen írta le a *Bhagavad Gítá*ban[11] említett „tétlenség" állapotát:

– Amikor egy igazi jógi végrehajt valamely cselekedetet, az karmikus szempontból olyan, mintha a vízre írna. Nem marad nyoma.[12]

• • •

Egy növendék bajosan tudta felfogni, hogy Isten ott lakozik az emberi húsban. A Mester így szólt hozzá:

– Ahogyan a vörösen izzó szén árulkodik a tűz jelenlétéről, úgy árulkodik az emberi test csodálatos mechanizmusa a Szellem működtető jelenlétéről.

• • •

[11] Lásd a szójegyzéket.

[12] Vagyis nem vétetik számba a karma részeként. Csak egy Mester lehet szabad ember – akit nem köt a karma (a kérlelhetetlen kozmikus törvény, amely a meg nem világosodott embereket számadásra kötelezi gondolataikért és cselekedeteikért). Amikor Ardzsunát arra buzdította, hogy harcoljon a csatamezőn, az Úr Krisna biztosította őt, hogy ha Isten képviselőjeként, önző gondolatok nélkül cselekszik, nem ró magára karmikus terhet.

18

– Egyesek úgy gondolják, hogy ha a hívek nem mennek keresztül súlyos megpróbáltatásokon, nem válhat belőlük szent. Mások azt bizonygatják, hogy az Isten tudatára ébredt ember szükségképpen mentes minden szenvedéstől – mondotta a Mester egy előadása során. – Minden mester élete egy bizonyos láthatatlan mintázatot követ. Szent Ferencet betegségek sújtották; a teljesen felszabadult Krisztus hagyta, hogy keresztre feszítsék. Más kiemelkedő személyiségek, például Aquinói Szent Tamás és Lahíri Mahasaja[13] különösebb viszontagságok és szörnyű tragédiák nélkül pergették életük napjait. A szentek módfelett eltérő háttérből kiindulva érik el a végső megváltást. A valódi bölcsek külső körülményeiktől függetlenül tükrözik az Isteni Képmást önmagukon keresztül. Ők eljátsszák az Isten akaratából rájuk osztott szerepet, akár összeegyeztethető ez a közvéleménnyel, akár nem.

• • •

A remetelak egy ifjú növendéke imádta a csínytevést. Az élet számára szüntelen bolondozásból állt. Vígsága rendszerint szíves fogadtatásra talált ugyan,

---

[13] Lásd a szójegyzéket.

alkalmanként azonban zavarta a többi hívet abban, hogy gondolataikat higgadtan Istenre összpontosítsák. Egy napon Paramahanszadzsí enyhén megpirongatta a fiút.

– Meg kell tanulnod komolyabban viselkedni – jegyezte meg.

– Igen, Mester – felelte a tanítvány őszintén megbánva nyughatatlanságát –, de ez a szokás olyan erősen gyökerezik bennem! Hogyan változtathatnék rajta az áldásod nélkül?

– Az én áldásomat megkaptad, ahogyan Istenét is. Már csak a tied hiányzik! – biztosította komolyan a Guru.

• • •

– Isten akkor is megért, amikor mindenki más félreismer – mondotta a Mester. – Ő a Szerető Atya, aki mindenkor gyöngéden gondodat viseli, bármilyen hibákat követtél is el. Mások megajándékoznak egy időre a ragaszkodásukkal, azután elhagynak, Ő azonban sosem hagy cserben. Isten nap mint nap számtalan úton-módon igyekszik elnyerni a szereteted. Nem büntet akkor sem, ha elutasítod, csak te bünteted magad. Ilyenkor rájössz, hogy „mindenek elárulnak téged, ki

Paramahansza Jógananda a Self-Realization barátainak és
tagjainak kötetlen gyűlésén a kaliforniai Beverly Hillsen, 1949

engem elárulál"[14].

• • •

– Uram, te helyesled az egyházi szertartásokat? – firtatta egy növendék.

Mire a Mester így felelt:

– A vallási rítusok segíthetnek az embernek, hogy Istenre, Végtelen Teremtőjére irányítsa gondolatait. Ha azonban egymást érik a szertartások, mindenki elfelejti, milyen célt is szolgálnak voltaképpen.

• • •

– Micsoda Isten? – kérdezte egy növendék.

– Isten az Örökkévaló Üdvös Boldogság – felelte a Mester. – Lénye csupa szeretet, bölcsesség és öröm. Egyszerre személytelen és személyes, és tetszése szerint bármilyen módon megnyilvánulhat. Szentjei előtt mindig olyan formában jelenik meg, amelyet a legbecsesebbnek tartanak: a keresztény Krisztust látja, a hindu Krisnát[15] vagy az Istenanyát[16] pillantja meg, és így tovább. Azok

---

[14] A mennyek kutyája, Francis Thompson verse.

[15] Lásd a szójegyzéket.

[16] Lásd a szójegyzéket.

a hívek pedig, akiknek imádata személytelen irányt vesz, végtelen Fényességként, avagy a csodálatos *Aum*[17] hangként, az őseredeti Igeként, a Szentlélekként ébrednek az Úr tudatára. A legmagasabb rendű tapasztalat, amelyben embernek része lehet, ama Üdvös Boldogság átélése, amiben az Istenség minden más aspektusa – a szeretet, a bölcsesség, a halhatatlanság – maradéktalanul benne foglaltatik. De hogyan tolmácsolhatom neked szavakkal Isten természetét? Ő szavakkal ki nem fejezhető, le nem írható. Csak mély meditációban fogod megismerni az Ő egyedülálló lényegét.

• • •

Egy öntömjénező látogatóval folytatott beszélgetés után a Mester megjegyezte:

– Isten kegyelmének esőcseppjei nem gyűlhetnek össze a büszkeség hegycsúcsain, ám annál könnyebben folynak alá az alázat völgyeibe.

• • •

Valahányszor a Mester egy bizonyos tanítvánnyal találkozott, aki kifejezetten az úgynevezett intellektuális

[17] Lásd a szójegyzéket.

23

típushoz tartozott, a Guru így szólt hozzá:

– Légy áhítatos! Emlékezz Jézus szavaira: „Hálákat adok néked, Atyám… hogy elrejtetted ezeket a bölcsek és az értelmesek elől, és a kisdedeknek megjelentetted."[18]

Azután a tanítvány röviddel 1951 karácsonya előtt meglátogatta a Mestert sivatagi menedékében. Egy asztalon ott hevert néhány játékszer, ajándéknak szánva. Paramahanszadzsí gyermeki lélekkel játszadozott velük egy darabig, majd megkérdezte a fiatalembertől:

– Hogy tetszenek neked ezek a játékok?

A tanítvány alig tudott felocsúdni megdöbbenéséből, mindenesetre nevetve azt felelte:

– Nagyszerűek, uram.

Mire a Mester elmosolyodott, és így idézett:

– „Engedjétek, hogy a kis gyermekek én hozzám jöjjenek… mert ilyeneké az Istennek országa."[19]

• • •

Az egyik növendék kétkedett, hogy megvan-e benne a spirituális állhatatosság képessége. Paramahanszadzsí így bátorította:

18 Mát 11:25
19 Luk 18:16

24

– Az Úr sosincs távol tőlünk, itt van közel. Én mindenütt Őt látom.

– De Uram, hiszen te Mester vagy! – tiltakozott a férfi.

– Minden lélek egyenlő – felelte a Guru. – Az egyetlen különbség közted és énközöttem az, hogy én hajlandó voltam az erőfeszítésre. Megmutattam Istennek, hogy szeretem, s Ő eljött hozzám. A szeretet az a mágnes, amelynek vonzása elől Isten nem szökhet el.

• • •

– Ha egyszer a hollywoodi templomát „minden vallás templomának" nevezi, akkor miért fektet különös hangsúlyt a kereszténységre? – érdeklődött egy látogató.

– Babadzsí[20] kívánsága, hogy így tegyek – mondotta a Mester. – Ő kért meg rá, hogy értelmezzem a keresztény Bibliát és a hindu Bibliát [Bhagavad Gítát], így mutatva ki a keresztény és a védikus[21] szentírások alapvető egységét. Azért küldött engem Nyugatra, hogy beteljesítsem e küldetést.

• • •

[20] Lásd a szójegyzéket.
[21] Lásd a „Védák" kifejezést a szójegyzékben.

– Bűn mindaz – mondotta a Mester – ami miatt az ember tartósan megfeledkezik Istenről.

• • •

– Mester, hogyan tudta Jézus borrá változtatni a vizet? – kérdezte az egyik tanítvány.

Srí Jógananda így felelt:

– A világegyetem az életenergia fényrezgéseinek játékából születik. A teremtés mozgóképei a mozivásznon látható jelenetekhez hasonlóan fénynyalábok révén vetítődnek ki és válnak láthatóvá. Krisztus fényként érzékelte a kozmikus lényeget; az ő szemében nem volt lényegi különbség a vizet és a bort alkotó fénysugarak között. Ahogyan Isten a teremtés kezdetén[22], Jézus is képes volt megparancsolni, hogy az életenergia rezgései különböző formákat öltsenek. Minden olyan ember, aki túljut a viszonylagosság és kettősség káprázatbirodalmain, belép az Egység valódi világába. Eggyé válik a Mindenhatóval, amiképpen Krisztus mondotta: „Aki hisz én bennem [aki ismeri a Krisztus-tudatot], az is cselekszi majd azokat a cselekedeteket, amelyeket én cselekeszem, és nagyobbakat is cselekszik azoknál; mert én az én

---

[22] „Legyen világosság: És lőn világosság." 1Móz 1:3

Atyámhoz megyek [mert én hamarosan visszatérek a Legmagasságosabbhoz – a teremtésen, a jelenségeken túli Rezgésmentes Végső Valósághoz]."[23]

• • •

– Te nem hiszel a házasságban, Mester? – tudakolta egy növendék. – Gyakran úgy beszélsz, mintha elleneznéd.

Mire Paramahanszadzsí így felelt:

– A házasság szükségtelen akadály azok számára, akik szívükben mindenről lemondván buzgón kutatják Istent, az Örök Szeretőt. Azonban hétköznapi esetekben nem vagyok az igazi házasság ellen. Ha két ember azért egyesíti életét, hogy segítsék egymást az isteni tudatosságra eszmélés útján, akkor házasságuk a megfelelő alapra, a feltétlen barátságra épül. A nőt elsősorban az érzések ösztönzik, a férfit pedig a logika; a házasság rendeltetése e két tulajdonság egyensúlyba állítása. Manapság nem valami sokszor kerül sor a lelkek valódi egyesülésére, mert az ifjú emberek vajmi kevés spirituális képzésben részesülnek. Mivel érzelmileg éretlenek és ingatagok, rendszerint a mulandó nemi vonzalom vagy világi megfontolások befolyásolják őket,

---

[23] Ján 14:12. Lásd a „szat-tat-aum" kifejezést a szójegyzékben.

s figyelmen kívül hagyják a házasság nemes célját.

Majd hozzátette:

– Gyakran hangoztatom, hogy „először vessétek meg lábatokat rendíthetetlenül az isteni úton; így ha megházasodtok, nem fogtok hibát elkövetni".

• • •

–Az Úr talán nem ontja kegyeit áradóbb bőségben bizonyos emberekre, mint másokra? – firtatta egy növendék.

Paramahanszadzsí így felelt:

– Isten választottai azok, akik Őt választják.

• • •

Két hölgy mindig elmulasztotta bezárni a gépkocsiját, amikor leparkoltak.

– Tegyék meg a kellő óvintézkedéseket, és zárják be a kocsijukat! – intette őket a Mester.

– Hol marad az Istenbe vetett hite? – kiáltottak fel a nők.

–Az én hitem rendületlen – felelte Paramahanszadzsí. – Ám ez nem jelenti azt, hogy gondatlan vagyok.

A két nő azonban továbbra sem zárta be soha a kocsit. Egy nap, amikor jó néhány értéktárgyat hagytak a hátsó ülésen, azok a tolvajok zsákmányául estek.

– Miért várják Istentől, hogy megvédelmezze Önöket, ha semmibe veszik az ő józan észre és elővigyázatosságra intő törvényeit? – kérdezte tőlük a Mester. – Higgyenek, de legyenek gyakorlatiasak, és ne hozzanak kísértésbe másokat.

• • •

A tanítványok közül néhányan a tevékenységek forgatagába merülve már egy ideje elhanyagolták a meditációjukat.[24] A Mester így intette őket:

– Ne hajtogassátok folyton, hogy „holnap majd tovább fogok meditálni". Így egykettőre azon veszitek észre magatokat, hogy eltelt egy év, s ti még mindig halogatjátok üdvös szándékotokat. Inkább mondjátok magatoknak a következőt: „Ez is ráér, és amaz is ráér, az Isten-keresésem azonban nem várhat!"

• • •

– Uram – kérdezte egy tanítvány –, miként lehetséges, hogy egyes mesterek látszólag több tudás birtokában vannak, mint mások?

– Mindazok, akik maradéktalanul felszabadultak,

---

[24] Lásd a „Krija-jóga" kifejezést a szójegyzékben.

egyenlő bölcsességgel bírnak – felelte Paramahanszadzsí.
– Mindennel tisztában vannak, de csak ritkán nyilatkoztatják ki e tudást. Kedvesek akarnak lenni Istennek, hát híven játsszák az általa rájuk osztott szerepet. Ha olykor úgy tűnik, mintha megbotlanának, ez csupán amiatt van, mert az effajta viselkedés is része emberi szerepüknek. Bensőjükben azért meg sem érintik őket a *májá* ellentétei és viszonylagosságai.

•   •   •

– Úgy találom, nehezen tudom fenntartani a barátságokat, amelyeket kötöttem – vallotta meg bizalmasan egy növendék.
– Körültekintően válogasd meg a társaságodat! – mondta neki Paramahanszadzsí. – Légy szívélyes és őszinte, de mindig tarts némi távolságot, és őrizd meg a méltóságod! Soha ne légy bizalmaskodó az emberekkel! Barátokat szerezni könnyű, ha azonban meg is akarod tartani őket, követned kell ezt a szabályt.

•   •   •

– Mester – kérdezte egy növendék –, megtörténhet, hogy egy lélek örökre elveszik?
A Guru így felelt:

– Ez lehetetlenség. Minden lélek része Istennek, és ekként múlhatatlan.

• • •

– A helyes úton járó hívek spirituális kibontakozása oly természetes és észrevétlen folyamat, mint a légzés – mondotta a Mester. – Ha az ember egyszer Istennek adta a szívét, oly mélyen elmerül Őbenne, hogy alig veszi észre, milyen könnyen megoldotta az élet valamennyi problémáját. Mások egyszer csak kezdik őt „gurunak" szólítani, mire elképedve azt gondolja magában: „Micsoda! Hát ez a bűnös igazán szentté vált? Uram, hadd ragyogjon a Te képmásod oly fényességesen az orcámon, hogy senki se lásson meg *engem*, csak *Téged!*"

• • •

Egy bizonyos növendék hajlamos volt rá, hogy szüntelenül önmagát vizsgálja a spirituális fejlődés jeleit kutatva. A Mester így szólt hozzá:

– Ha elvetsz egy magot, azután naponta kiásod, hogy lásd, növekedésnek indult-e már, sosem fog gyökeret ereszteni. Viselj rá gondot kellőképpen, de ne kíváncsiskodj!

31

• • •

– Milyen különös fickó ez a G! – A tanítványok közül néhányan bizonyos emberek furcsa viselkedéséről beszélgetett.

A Mester így szólt hozzájuk:

– Miért vagytok meglepve? E világ nem más, mint Isten állatkertje.

• • •

– Nem veszélyesek az érzelmek szabályozásával kapcsolatos tanításaid? – kérdezte egy növendék. – Sok pszichológus állítja, hogy az elfojtás az elme meghasonlásához, sőt, testi betegséghez vezet.

A Mester így felelt:

– Az elfojtás, vagyis amikor ott motoszkál az ember fejében a gondolat, hogy kíván valamit, mégsem tesz semmilyen építő lépést a megszerzése érdekében, valóban káros. Az önuralom azonban, vagyis amikor az ember türelmesen helyes gondolatokkal cseréli fel helytelen gondolatait, s hasznos cselekedetekkel váltja fel elítélendő tetteit, nagyon is jótékony hatású. Akik gonoszságon törik a fejüket, maguk látják kárát. Azok az emberek ellenben, akik elméjüket bölcsességgel, életüket pedig építő tevékenységekkel töltik meg,

A Mester 1935-ös Indiába tett látogatása során meditál Dihikában,
ama hely közelében, ahol egykori fiúiskolája állt. Az iskolát
1918-ban áthelyezték Rancsiba, ahol mind a mai napig sikeresen
működik

alantas szenvedéstől kímélik meg magukat.

• • •

– Isten a legkülönbözőbb módokon tesz próbára bennünket – mondta a Mester. – Feltárja gyengéinket, hogy tisztába jöhessünk velük, azután erősségekké alakítja őket. Meglehet, hogy elviselhetetlennek tűnő megpróbáltatásokkal sújt minket, olykor szinte egyenesen úgy látjuk, mintha eltaszítana bennünket magától. Az eszes hívek azonban így beszélnek: „Nem, Uram, nekem szükségem van Tereád. Semmi sem tántoríthat el kutatásomtól. Szívből fakadó fohászom így hangzik: Soha ne mérd rám próbatételül, hogy a Te jelenlétedről megfeledkezzem!"

• • •

– Uram, le fogok térni valaha a spirituális útról? – firtatta egy kételyekkel teli tanítvány.
    – Hogyan is tehetnéd? Hiszen a világon mindenki a spirituális úton halad.

• • •

– Uram, részeltess engem az áhítat kegyelmében – esedezett egy tanítvány.

34

– Ez lényegében olyan, mintha azt mondanád: „Adj nekem pénzt, hogy megvehessem, amire vágyom!" – szólt rá a Mester. – Én azonban azt felelem: „Nem, először *meg kell keresned* a pénzt! Azután jogosan élvezheted, amit veszel rajta."

• • •

A Mester a következő élményét osztotta meg egy tanítványával, hogy annak gondolat-repülőjét a földről a magasba emelje:

– Egy nap jókora homokbuckát láttam, amelyen egy parányi hangya araszolt felfelé. „Ez a hangya biztosan azt gondolja, hogy a Himalája hegyeit mássza meg épp!" A hangya alighanem hatalmasnak látta a buckát, én azonban nem. Hasonlóképpen, a mi egymillió emberi napévünk talán csak egy pillanat Isten elméjében. Arra kell nevelnünk magunkat, hogy olyan nagystílű fogalmakban gondolkozzunk, amilyen az örökkévalóság és a végtelenség.

• • •

Jóganandadzsí és tanítványai egy csoportja épp esti gyakorlatukat végezték az encinitasi remetelak pázsitján. A fiatalemberek egyike egy bizonyos szent felől érdeklődött, akinek azonban nem tudta a nevét.

– Uram – mondta –, arról a mesterről beszélek, aki néhány hónapja megjelent előtted itt.

– Nem emlékszem – felelte Paramahanszadzsí.

– Odaát történt, a hátsó kertben, Uram.

– Sokan látogatnak el hozzám ott; találkozom olyanokkal, akik már elhunytak, és olyanokkal, akik még e világban élnek.

– Milyen csodálatos ez, Uram!

– Ahol Istennek egy híve él, oda látogatnak az Ő szentjei.

A Guru egy-két percnyi szünetet tartott, mialatt elvégzett néhány gyakorlatot. Azután így szólt:

– Tegnap, miközben a szobámban meditáltam, szerettem volna megtudni bizonyos dolgokat az ősi idők egyik nagy mesterének életéről. Ekkor a mester testet öltött előttem. Hosszasan üldögéltünk az ágyamon egymás mellett, egymás kezét fogva.

– És mesélt az életéről, Uram?

– Nos – felelte Paramahanszadzsí – a rezgések kölcsönös átadása során teljes képet kaptam róla.

• • •

A Mester arra akarta inteni a Self-Realization-rend[25] világtól visszavonult híveit, hogy őrizkedjenek a spirituális önteltségtől, így szólt hát hozzájuk:

– Miután az ember eléri a *nirvikalpa szamádhit*,* soha többé nem esik a káprázatok áldozatául. Ám amíg el nem jutott ebbe az állapotba, addig nincs biztonságban.

Egy híres hindu mester egyik tanítványa oly nagy lélek volt, hogy guruja őt szokta követendő példaképként a többiek elé állítani. Egy nap a tanítvány megemlítette, hogy egy jámbor asszonynak próbál segítséget nyújtani közös meditációkkal. A Guru csak annyit mondott csendesen: „Vigyázz magadra, *szadhu*!” Néhány hétre rá a rossz karma* magvai kicsíráztak a tanítvány életében; a fiatalember megszökött a nővel. Ám csakhamar vissza is tért gurujához, és így kiáltott: „Bocsánatot kérek!” Nem engedte, hogy botlása életének középpontjává váljon, inkább túltette magát minden tévedésén, és megkettőzte erőfeszítéseit, hogy maradéktalanul önmagára eszméljen.

Mint ebből a történetből láthatjátok, még a legkiválóbb hívekkel is megeshet, hogy átmenetileg káprázatok áldozatául esnek. Soha ne hagyjátok ellankadni éberségeteket, amíg csak meg nem lelitek helyeteket a Végső Boldogságban!

---

[25] Lásd a szójegyzéket.

• • •

– Az anyagi tudomány sokkalta elméletibb, mint az igazi vallás – mondotta a Mester. – A tudomány képes megvizsgálni példának okáért a külső természetet és az atom működését. A meditáció gyakorlata azonban mindenütt jelenvalóvá teszi az embert; általa a jógi eggyé válik az atommal.

• • •

Egy bizonyos követelőző tanítvány gyakran érkezett váratlanul a Mt. Washington Központba[26], és sűrűn kezdeményezett R-beszélgetéseket a Mesterrel.

– Furcsa egy ember – jegyezte meg egyszer Paramahanszadzsí. – Azonban a szívét az Úrnak szenteli. Minden hibája ellenére is el fogja érni a célját, hiszen amíg ez meg nem történik, addig úgysem hagy nyugtot Istennek.

• • •

Amikor a Mester először Amerikába érkezett, indiai ruhát viselt, s a haja hosszan omlott le a vállára. Egy

---

[26] A Self-Realization Fellowship székhelye a kaliforniai Los Angelesben – lásd a szójegyzéket.

ember, akit megragadott a számára különös látvány, megkérdezte tőle:

– Mondja, maga jövendőmondó?

Mire Paramahanszadzsí így felelt:

– Nem, én azt mondom meg az embereknek, hogyan javítsák meg a jövendőjüket.

• • •

Egy napon a Mester egy olyan szentről mesélt tanítványainak, aki a legmagasabb ösvényről bukott alá azáltal, hogy nyilvános bemutatókon hivalkodott csodálatos erőivel.

– Az illető hamarosan felismerte tévedését – folytatta Paramahanszadzsí –, és visszatért tanítványaihoz. Élete végén már teljesen felszabadult lélek volt.

– Uram, hogyan emelkedhetett fel ismét ilyen gyorsan? – érdeklődött a hívek egyike. – Hát nem jár súlyosabb karmikus büntetés egy olyan embernek, aki a magas szintű fejlettség állapotából bukik alá, mint annak, aki puszta tudatlanságból cselekszik helytelenül? Különösnek tűnik, hogy az indiai szentnek nem kellett hosszasan várakoznia végső felszabadulására.

A Mester mosolyogva rázta a fejét.

– Isten nem holmi zsarnok – mondta. – Ha egy ember

hozzászokott, hogy ambrózián éljen, boldogtalan lenne
az állott sajt-étrenden. Ha pedig szívszakadva könyörög
ismét az ambróziáért, Isten nem utasítja el.

• • •

Egy barátunk helytelennek vélte, hogy a Self-Realization
Fellowship hirdesse önmagát. A Mester így felelt:
 – A Wrigley cég a reklámjaival arra akarja rábírni
az embereket, hogy rágógumit rágjanak. Miért ne
próbálhatnám hát én is reklámokkal rávenni őket, hogy
„megrágják" az értékes gondolatokat?

• • •

Azt fejtegetvén, hogy Isten kegyelme révén milyen
hamar megszabadulhatunk a *májá* káprázataitól, a
Mester így beszélt:
 – Úgy tűnik, mintha e világban egészen elmerülnénk
a gondok tengerében. Azután jő az Istenanya, és felráz
bennünket, felébreszt a szörnyűséges álomból. Előbb-
utóbb minden ember részesülni fog e felszabadító
élményben.

• • •

Egy növendék ingadozott a lemondás útja és egy régóta

vágyott karrier között. A Mester gyengéden azt mondta
neki:
— Minden beteljesülés, amit keresel, és még sokkalta
több is, ott vár rád Istenben.

• • •

Egy növendéknek, aki a jelek szerint reménytelenül
belegabalyodott a rossz szokások hálójába, a Mester a
következőt javasolta:
— Ha egyszer kevés akaraterő szorult beléd, próbáld
a rossz szokásaidat sem akarni olyan erősen.

• • •

— Micsoda felelősséget vállal magára az ember,
amikor megpróbál megjavítani másokat! — kiáltott fel
a Mester. — A rózsaszál a vázában oly gyönyörű; az
ember elfelejti, mennyit kellett dolgoznia a kertésznek,
hogy így kiviruljon. Márpedig ha egy pompás rózsaszál
felnevelésével is ennyit kell fáradozni, mennyivel
több erőfeszítést követel egy tökéletes emberi lény
kifejlesztése.

• • •

— Ne keveredjetek túl szoros kapcsolatba másokkal!

41

– mondotta a Mester. – A barátság nem elégít ki bennünket, hacsak nem Isten közös szeretetében gyökerezik. Ama emberi kívánságunk, hogy szerető megértésre leljünk másoknál, valójában a lélek vágya az Istennel való egyesülésre. Minél inkább a külvilágban igyekszünk kielégíteni e vágyat, annál kevesebb valószínűséggel találunk rá Isteni Társunkra.

• • •

– Az áhítatos híveknek három típusa létezik – mondotta a Mester. – Azok a hívők, akiket kielégít a templomjárás; azok a hívők, akik erényes életet élnek, de nem tesznek erőfeszítést az Istennel való egység megvalósítására; és azok a hívők, akik *eltökélték* magukat valódi önazonosságuk felfedezésére.

• • •

Amikor megkérték, hogy határozza meg az Önmagunkra eszmélést, a Mester így felelt:

– Az Önmagunkra eszmélés annak tudatosítása – a testben, az elmében és a lélekben –, hogy egyek vagyunk Isten mindenütt jelenvalóságával; hogy nem kell imádkoznunk ennek eljöveteléért, hogy nem pusztán a közelében vagyunk mindenkor, hanem Isten mindenütt jelenvalósága a mi mindenütt jelenvalóságunk; hogy már most is éppannyira az Ő részei vagyunk, amennyire valaha leszünk. Nekünk mindössze annyi a teendőnk, hogy elmélyítsük magunkban e tudatot.

• • •

– Isten egykettőre gondoskodik az Ő híveinek minden szükségletéről, hiszen ezek az emberek kiküszöbölték az ego gátló ellenáramlatait – mondotta a Mester.

• • •

– A Mt. Washington Központ fennállásának korai időszakában egyszer épp esedékessé vált egy jelzálogkölcsön-részlet megfizetése, nekünk azonban nem volt pénzünk a bankban. Szívem mélyéből imádkoztam, mondván az Úrnak: „A szervezet jóléte a Te kezedben van." Ekkor megjelent előttem az Istenanya, és így szólt hozzám angolul: „Én vagyok a ti összes értékpapírotok; én vagyok a ti egyetlen biztosítékotok." Néhány nappal később egy nagy összegű adományt kaptam postán a Központ javára.

• • •

A tanítványok egyike híven és késlekedés nélkül

43

teljesített bármely feladatot, amelyet a Mester rábízott; másokért azonban semmit sem tett. A Mester javító célzattal így szólt hozzá:

– Ugyanúgy kell szolgálnod másokat is, ahogyan engem szolgálsz. Ne feledd, Isten mindnyájunkban ott lakozik! Ne mulassz el egyetlen alkalmat sem, hogy a kedvében járj!

• • •

– A halál arra tanít meg bennünket, hogy ne a testbe vessük a bizodalmunkat, hanem Istenbe. Ekként tehát a halál a barátunk – mondotta a Mester. – Nem szabad túlontúl gyászolnunk szeretteink elhunytát. Önző dolog arra vágyni, hogy szeretteink a saját örömünkre és vigaszunkra mindig köröttünk maradjanak. Inkább örvendezzünk, hogy elhívattak az útra, amely a lélek szabadságához vezet egy asztrális világ új és jobb környezetében.[27] Az elválás fájdalma miatt a legtöbben sírnak egy darabig, azután szerettük lassan feledésbe merül. A bölcs ember azonban késztetést érez, hogy tovatűnt drágáit az Örökkévaló szívében kutassa. Amit a hívek elveszítenek a véges életben, azt a Végtelenben újra fellelik.

---

[27] Lásd a szójegyzéket.

• • •

– Melyik a legjobb imádság? – érdeklődött egy tanítvány.

A Mester így felelt:

– Ha azzal fordulsz az Úrhoz, hogy „kérlek, tudasd velem a Te akaratodat", nem pedig azzal, hogy „ezt és ezt kérem Tőled". Bízvást elhiheted, Ő jól tudja, mire van szükséged. Meg fogod látni, hogy sokkal hasznosabb dolgokban részesülsz majd, ha Ő választ számodra.

• • •

A Mester gyakran megkérte a tanítványokat különböző apróbb ügyek intézésére. Amikor egyikük, jelentéktelennek tartva, elmulasztott végrehajtani egy ilyen kisebb feladatot, Paramahanszadzsí szelíden megfeddte a nőt. Azt mondta neki:

– Az apró-cseprő kötelezettségek hű teljesítése tölt el bennünket erővel, hogy azokban a nehéz feladatokban kitartsunk, amelyeket az élet egy napon majd ránk kényszerít.

• • •

45

Paramahanszadzsí szívélyes gesztussal üdvözli a gyülekezet
tagjait a Self-Realization Templom előtt a kaliforniai
San Diegóban, 1949

Srí Juktesvar egyik mondását idézve[28] a Mester így
szólt egy új tanítványához:
– Egyesek azt hiszik, ha elvonulnak egy remetelakba
az önfegyelem gyakorlása végett, akkor éppannyi okuk
van a bánatra, mintha temetésen lennének. Holott
az effajta elvonulás inkább azt jelenti, hogy végre
eltemethetik az összes bánatukat.

• • •

– Dőreség a valódi boldogságot az evilági kötelékektől
és javaktól várni, hiszen ezek nem képesek boldoggá
tenni minket – mondotta a Mester. – Mégis emberek
millióinak szakad meg a szíve bánatában, miután hiába
próbálták fellelni az evilági életben azt a beteljesedést,
amely csakis Istenben, minden öröm Forrásában létezik.

• • •

Azt fejtegetvén, hogy miért értik meg oly kevesen a
Végtelen Istent, a Mester így beszélt:
– Ahogyan egy kicsiny kupába nem fér bele az
óceánok roppant víztömege, éppúgy a véges emberi elme
sem képes magába fogadni az egyetemes Krisztus-tudatot.

[28] *Egy jógi önéletrajza,* 12. fejezet.

47

Amint azonban a meditáció révén az ember fokozatosan kitágítja elméjét, végül eljut a mindentudás állapotába. Eggyé válik az a teremtés atomjait átható Isteni Értelemmel.

• • •

– Szent János mondá: „Valakik pedig befogadák őt, hatalmat ada azoknak, hogy Isten fiaivá legyenek, azoknak, akik az ő nevében hisznek."[29] Szent János azok említésekor, akik „befogadák őt", mindama embertársainkra gondol, akik tökéletesítették a Végtelen befogadására való képességüket; egyedül ők nyerik vissza helyüket „Isten fiaiként". Azért hihetnek „az ő nevében", mert eljutottak a Krisztus-tudattal való egységig.

• • •

Egy növendék, aki valaha a remetelakban élt, egy szép napon visszatért, és szomorúan így szólt a Mesterhez:

– Miért mentem el innen valaha is?!

– Hát nem olyan ez a hely, mint a Paradicsom, ha összehasonlítjuk a külvilággal? – kérdezte tőle

[29] Ján 1:12

Paramahanszadzsí.

– De mennyire, hogy olyan! – felelte az ifjú, és oly hosszasan zokogott, hogy együttérzésében a Mester is könnyekre fakadt.

• • •

Egyik nővérünk a Self-Realization rendben arról panaszkodott, hogy hiányzik belőle az áhítat.

– Korántsem arról van szó, hogy ne akarnám megismerni Istent – mondta –, mégis mintha képtelen volnék Reá irányozni a szeretetemet. Mitévő legyen az olyan ember, akinek hozzám hasonlóan „kiszikkadt" a szíve?

– Ne arra a gondolatra összpontosíts, hogy hiányzik belőled az áhítat, inkább a kifejlesztésén munkálkodj! – felelte a Mester. – Miért csüggeszt, hogy Isten eddig nem mutatkozott meg előtted? Gondolj csak bele, te milyen hosszú ideig ügyet sem vetettél Őrá! Meditálj többet, hatolj mélyre, és kövesd a rendház szabályait! Ha megváltoztatod a szokásaid, felébreszted szívedben az Ő csodás Lényének emlékét; márpedig ha megismered Őt, kétségkívül az iránta érzett szeretet is feltámad benned.

• • •

Egy vasárnap a Mester ellátogatott egy templomba, amelynek kórusa külön neki énekelt. A szertartás után a kórusvezető és az énekesek megkérdezték Paramahanszadzsít:

– Hogy tetszett az ének?

– Egész jó volt – felelte Srí Jógananda minden lelkesedés nélkül.

– Ó! Nem tetszett? – kérdezték.

– Azt nem mondanám.

Addig faggatták a magyarázatért, amíg végül a Mester így szólt:

– Ami a technikájukat illeti, az tökéletes volt, csakhogy nem tudatosították magukban, Kinek szólt az ének. Egyedül arra tudtak gondolni, hogy nekem és a közönség többi tagjának a kedvünkben járjanak. Legközelebb ne az embereknek, hanem Istennek énekeljenek.

• • •

A tanítványok bámulattal taglalták a szenvedéseket, amelyeket a történelem során vértanúhalált halt szentek örömmel viseltek el. Mire a Mester így szólt:

– A test sorsa teljességgel lényegtelen egy Istenre eszmélt ember számára. A fizikai alak tányérhoz hasonlatos, amelyet a hívek addig használnak, amíg

elfogyasztják az élet bölcsesség-lakomáját. Miután
éhségük örökre lecsillapult, mit ér a tányér? A hívek alig
veszik észre, ha el is törik. Hiszen ők már elmerültek
az Úrban.

• • •

A hosszú nyári estéken a Mester gyakorta bocsátkozott
spirituális beszélgetésekbe a tanítványokkal az
encinitasi remetelak verandáján. Egy ilyen alkalommal
a csodák kerültek szóba, mire a Mester így szólt:

– A legtöbb embernek kíváncsi a csodákra, és látni
szeretné azokat. Azonban Mesterem, Srí Juktesvardzsí,
akinek hatalma volt valamennyi természeti erő
felett, igen szigorú nézeteket vallott e tárgyról. Épp
mielőtt elutaztam Indiából, hogy előadásokat tartsak
Amerikában, Mesterem azt mondta nekem: „Ébreszd fel
az emberekben Isten szeretetét! De ne holmi rendkívüli
erők fitogtatásával vonzd őket magadhoz!" Ha tűzön
és vízen járnék, és az ország összes előadótermét
megtölteném szenzációhajhászokkal, mi jó származna
abból? Nézzétek meg a csillagokat, a felhőket és az
óceánt, vegyétek szemügyre a harmatcseppeket a
fűszálakon! Hát összehasonlítható bármely ember által
véghezvitt csoda ezekkel a lényegükben megfoghatatlan

jelenségekkel? És mégis mily kevés embert vezet el a természet Isten szeretetéhez – aki minden csodák Csodája.

• • •

Ifjú tanítványai egy csoportjának, akik hajlamosak voltak a halogatásra, a Mester azt mondta:

– Rendszert kell vinnetek az életetekbe! Hiszen Isten megalkotta a mindennapok rendjét. A nap mindig alkonyatig süt, a csillagok pedig pirkadatig ragyognak.

• • •

– A szentek talán nem annak köszönhetik bölcsességüket, hogy Isten különös kegyében részesítette őket? – érdeklődött egy látogató.

– Nem bizony – felelte a Mester. – Egyesek nem azért eszmélnek kevésbé az isteni lényegre, mert az Úr gátat vet kegyelme áradásának, hanem mert az emberek zöme maga akadályozza meg, hogy Isten örökké jelenvaló fényessége szabadon átjárhassa. Az Úr valamennyi gyermeke egyformán tükrözheti vissza az Ő mindentudásának sugarait, ha lerántja magáról az egoizmus sötét leplét.

52

• • •

Az egyik látogató becsmérlően szólt India úgynevezett bálványimádatáról. A Mester erre csendesen azt mondta:
    – Ha valaki lehunyt szemmel ül a templomban, és hagyja, hogy a gondolatai világi dolgokon – a materializmus bálványain – járjanak, akkor Isten tisztában van vele, hogy nem Őt imádják. Ha másvalaki térdet hajt egy kőbálvány előtt, és jelképnek látja azt, amely az eleven és mindenütt jelenlévő Szellemre emlékezteti, akkor Isten elfogadja az imádatát.

• • •

    – Elvonulok a hegyek közé, hogy egyedül lehessek Istennel – közölte egy növendék a Mesterrel.
    – Ezzel nem fogsz előbbre jutni spirituális fejlődésedben – felelte Paramahanszadzsí. – Az elméd még nem áll készen arra, hogy mélyen a Szellemre összpontosítson. Gondolataid jobbára az emberek és a világi szórakozások emlékképeinél fognak időzni, még ha barlangban élsz is. Számodra a helyesebb út eviláfi kötelezettségeid derűs teljesítése a napi meditációval párosítva.

• • •

53

Miután megdicsért egy tanítványt, a Mester azt mondta:
– Amikor dicséretet kapsz jóságodért, ne lazíts, inkább
igyekezz még jobbá válni. Folyamatos tökéletesedésed
boldogságot hoz neked, a környezetednek és Istennek
egyaránt.

• • •

– A lemondás nem negatív, hanem pozitív dolog.
Valójában semmi mást nem adunk fel, csak a
nyomorúságot – mondotta a Mester. – Az embernek
nem kellene a lemondásra áldozatként tekinteni.
Inkább isteni befektetés ez, amely révén néhány centnyi
önfegyelmünk egymillió dollárral gazdagítja lelkünket.
Hát nem bölcs dolog mulandó napjaink aranyérméit az
Örökkévalóságra fordítani?

• • •

A Mester egy vasárnap délelőtt a templomot ékesítő
virágözönt szemlélve így szólt:
– Lévén Isten maga a Szépség, gyönyörűségesnek
teremtette a virágokat, hogy mesélhessenek Róla. A virágok
a természetben minden másnál világosabban utalnak az Ő
jelenlétére. Isten ragyogó orcája kandikál ki a liliomok és
nefelejcsek kelyhéből, mintha megannyi ablak lennének.

A rózsa illatával mintha csak Ő mondaná: „Találj rám!"
Így szokott Ő megszólalni; máskülönben néma marad.
Megmutatja keze munkáját a teremtés szépségében, de
nem fedi fel, hogy Ő Maga is benne rejtőzik.

• • •

Két tanítvány a remetelakból engedélyt kért a Mestertől,
hogy elutazhassanak meglátogatni a barátaikat.
Paramahanszadzsí így felelt:

– Aki a lemondás útjára lépett, annak nem előnyös,
ha képzése kezdetén túl gyakran kerül világi emberek
társaságába. Így az elméjén annyi rés támad, mint a
rosta lika, és képtelen lesz megtartani az Isten-észleletek
vizét. Az utazgatás nem fog közelebb vinni benneteket a
Végtelen tudatosításához.

Mivel a Guru módszere az volt, hogy ne utasításokat
adjon, hanem javaslatokat tegyen, még hozzáfűzte:

– Az én kötelességem óva inteni benneteket, amikor
látom, hogy rossz irányba fordultok. De tegyetek úgy,
ahogy kívántok.

• • •

– A földön Isten úgy próbálja kialakítani a helyes
életmód egyetemes művészetét, hogy felserkenti az

emberek szívében a testvéri érzületet és a mások iránti megbecsülést – mondotta a Mester. – Ennek okáért nem engedte, hogy bármely nemzet teljes egész legyen önmagában is. Valamennyi embertípus képviselőit felruházta valamilyen különleges adottsággal, valamely egyedülálló tehetséggel, amelynek birtokában a maguk jellegzetes módján hozzájárulhatnak világunk civilizációjához. A világbéke létrejöttét nagyban elő fogja mozdítani, ha a nemzetek kölcsönösen átadják egymásnak legjobb tulajdonságaikat. Az egyes embertípusok hiányosságait figyelmen kívül hagyva az erényeiket kell észrevennünk és utánoznunk. Fontos megjegyeznünk, hogy a történelem nagy szentjei valamennyi ország eszményeit megszemélyesítették, és valamennyi vallás legmagasabb törekvéseit megtestesítették.

• • •

A Mester társalgás közben gyakran élt sziporkázó hasonlatokkal. Egy napon azt mondta:

– A spirituális úton járókat egy verseny résztvevőinek látom. Egyesek inuk szakadtából rohannak; mások lassan haladnak előre, jó néhányan pedig egyenesen az ellenkező irányba futnak.

Egy másik alkalommal megjegyezte:
– Az élet csata. Az emberek szüntelenül harcolnak belső ellenségeikkel, a mohósággal és a tudatlansággal. És bizony sokan megsebesülnek a vágy puskagolyóitól.

• • •

Paramahanszadzsí több tanítványt megfegyelmezett amiatt, mert hanyagul látták el kötelességeiket. A tanítványok nagyon elkeseredtek, úgyhogy a Guru végül azt mondta nekik:
– Nem szívesen feddlek meg benneteket, mert mindnyájan oly kitűnőek vagytok. De hát amikor foltokat látok egy hófehér falon, késztetést érzek, hogy letakarítsam.

• • •

Paramahanszadzsí és még néhányan kocsival utaztak a Self-Realization egy lelkigyakorlatának megtekintésére. A forró és poros úton egy öregember vonszolta magát csomaggal a hátán. A Mester kérte, hogy álljanak meg, odahívta az embert, és adott neki némi pénzt. Pár perccel később Paramahanszácska így szólt a tanítványokhoz:
– Micsoda szörnyű meglepetéseket tartogat ez a világ! Mi itt kocsikázunk, miközben egy ilyen öreg

ember kutyagol. Mindnyájatoknak el kell tökélnetek, hogy megszabadultok a *májá* kiszámíthatatlan fordulatai miatt érzett félelmetektől. Ha ez a szerencsétlen ráeszmélt volna Istenre, a szegénység és gazdaság mit sem számítana neki. A végtelenben valamennyi tudatállapot egyetleneggyé, az Örökkön Új Üdvös Boldogsággá nemesül.

• • •

– Uram, az *Egy jógi önéletrajzá*nak melyik szakaszát tartod a leginkább ösztönzőnek az átlagember számára? – kérdezte egy növendék.

A mester töprengett egy darabig, majd így szólt:

– Gurum, Srí Juktesvar következő szavait: „Felejtsd el a múltat! Az emberi viselkedés mindaddig állhatatlan, míg le nem horgonyzunk az Istenségben. Ha a jelenben hajlandó vagy spirituális erőfeszítést tenni, a jövőben minden jobbá válik."

• • •

– Bár mi elfeledtük Őt, Isten azért emlékezik ránk – mondotta a Mester. – Ha Ő egy pillanatra is megfeledkezne a teremtett világról, az minden nyom nélkül tovatűnne. Ugyan ki tartja az égen földünk e sártekéjét, ha nem ő? Ki serkenti növekedésre a fákat és virágokat, ha nem Ő? Egyedül az Úr az, aki fenntartja szívverésünket, működteti emésztésünket, és naponta megújítja testünk sejtjeit. Mégis, gyermekei közül mily kevesen szentelnek neki akár egyetlen gondolatot is!

• • •

– Az elme – mondta Paramahanszadzsí – olyan, mint egy varázslatos gumiszalag, amelyet a végtelenségig kinyújthatunk anélkül, hogy elszakadna.

• • •

– Hogyan veheti magára a szent mások rossz karmáját?[30] – kérdezte egy növendék.

A Mester így felelt:

– Ha azt látnád, hogy egy ember megütni készül valakit, odaléphetnél a kiszemelt áldozat elé, hogy téged érjen a csapás. Ezt teszi a nagy mester is. Észleli hívei életében amikor múltbéli rossz karmájuk nemkívánatos hatása lesújtani készül. Ha bölcsnek ítéli, alkalmaz egy bizonyos metafizikai eljárást, amely révén tanítványai

---

[30] Lásd a szójegyzéket. A karma átvételének törvényéről bővebb magyarázat található az *Egy jógi önéletrajza* 21. fejezetében.

Paramahanszadzsí vendégeivel, Amala és Udáj Shankarral, a klasszikus hindu táncművészet kiemelkedő mestereivel, valamint táncosokból és zenészekből álló társulatukkal (köztük a ragyogó szitárjátékossal, Ravi Shankarral, Udáj Shankar fivérével); a Self-Realization ásram-központjában a kaliforniai Encinitasban, 1950

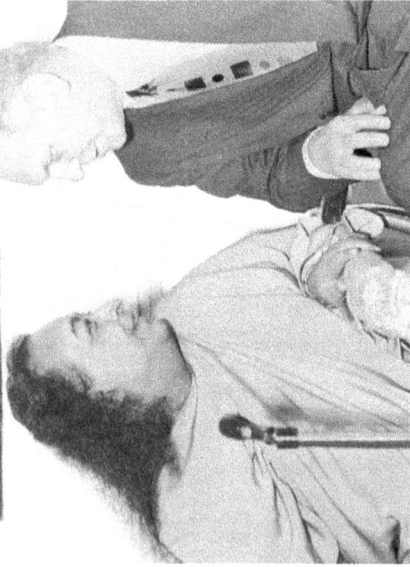

Srí Jógananda és Kalifornia volt kormányzóhelyettese, Goodwin J. Knight, aki részt vett az India Csarnok felszentelésén a hollywoodi Self-Realization asram-központban, 1951

tévedéseinek következményeit áthárítja magára. Az okság törvénye gépiesen, avagy matematikailag kiszámíthatóan működik; a jógik tisztában vannak vele, hogyan változtassanak folyásirányán. Mivel a szentek tudatában vannak Istennek, mint Örökkévaló Lénynek és az Életerő Kimeríthetetlen Forrásának, képesek túlélni olyan csapásokat is, amelyek a hétköznapi embert elpusztítanák. Az ő elméjükre nincsenek kihatással a testi nyavalyák és világi bajok.

• • •

A Mester épp a Self-Realization Fellowship munkájának kiterjesztésére vonatkozó terveit vitatta meg a tanítványokkal. Azt mondta:

– Ne feledjétek, a templom a kaptár, de az Úr a Méz! Ne elégedjetek meg azzal, hogy beszámoltok az embereknek a spirituális igazságokról; mutassátok meg nekik azt is, hogyan juthatnak el ők maguk az Isten-tudatig.

• • •

Paramahanszadzsí nem ragaszkodott senkihez, mégis szerető és mindig hűséges barát volt. Egy napon azt mondta:

– Amikor nem látom a barátaimat, nem hiányoznak; ám amikor találkozom velük, sosem telek be velük.

• • •

– Látom az Urat az Ő világegyetemében – mondotta a Mester. – Ha megpillantok egy gyönyörű fát, a látvány megindítja szívem, és azt suttogom: „Ő van ott." És térdet hajtok imádatom jeléül. Hát nem Ő hatja át a föld minden atomját? Létezhetne egyáltalán bolygónk Isten összetartó ereje nélkül? Az igazán áhítatos hívő Őt látja minden emberben és tárgyban, számára minden egyes kő egy-egy oltár. Amidőn az Úr megparancsolta: „Ne legyenek néked idegen isteneid én előttem. Ne csinálj magadnak faragott képet",[31] arra gondolt, hogy nem szabad a teremtett világ tárgyait a Teremtő fölébe emelnünk.

A Természet, a családunk, a barátaink, a kötelességeink és javaink iránt érzett szeretetünknek nem szabad a legfőbb trónust elfoglalnia szívünkben. Ez az Úr helye.

• • •

[31] 2Móz 20:3-4

Miután rávilágított az egyik tanítvány hibájára, a Mester így szólt:

– Nem szabad megsértődnöd, amiért kijavítottalak. Azért kalauzollak tovább az önfegyelem útján, mert lassan megnyered az ego vezérelte szokások ellen vívott csatát. Szüntelen áldásom kísér, hogy fényes előmenetelt tégy a jó irányba. Csak azért figyelmeztettelek ma este, nehogy hozzászokj spirituális kötelességeid gépies teljesítéséhez, és megfeledkezz róla, hogy nap mint nap szívből fakadó, buzgó erőfeszítést tegyél Isten fellelésére.

•　•　•

Egy este egy másik egyház lelkésze kereste fel Paramahanszadzsít. A látogató csüggedten így szólt:

– Úgy összezavarodott a spirituális világképem!

– Akkor miért prédikál?

– Mert szeretek prédikálni.

– Nem megmondta Krisztus, hogy a vak ne vezessen világtalant?[32] – kérdezte a Mester. – A kételyei egyszeriben tovatűnnek majd, ha megtanulja és gyakorolja az Istenen, Egyetlen Bizonyosságunkon való meditáció módszerét. A Tőle származó ösztönzés

---

[32] Mát 15:14

63

nélkül hogyan is tolmácsolhatna isteni felismeréseket másoknak?

• • •

A tanítványok buzgón hallgatták az encinitasi rendház nagytermében, ahogy a Mester késő éjszakába nyúlóan beszélt magasztos témákról.

– Azért vagyok itt, hogy meséljek nektek az Istenben felellhető örömről – mondta befejezésül –, amelyet mindnyájan szabadon felfedezhettek, s amely engem életem minden percében áthat. Hiszen Ő mindenhová elkísér, szól hozzám, osztozik gondolataimban, együtt játszik velem, és minden módon ellát útmutatásaival. „Uram – mondom Neki –, nincs semmi bajom a világon, hiszen Te mindig énmellettem vagy. Boldog vagyok, hogy szolgálód lehetek, alázatos eszközöd a Te gyermekeid megsegítésére. Egyedül a Te dolgod, hogy minő embereket vagy eseményeket vezérelsz utamba; én sosem fogok beavatkozni vélem kapcsolatos terveidbe azzal, hogy önös vágyakat dédelgetek magamban."

• • •

– Mélyen legbelül tisztában vagyok vele, hogy egyedül Istenben lelhetem meg boldogságomat. Mégis sok evilági dolog vonz továbbra is – mondta egy fiatalember, aki a Self-Realization rendbe történő belépést latolgatta.

– A gyermek számára szórakoztató homoktortákkal játszadozni, idősebb korában viszont már nem érdeklik – felelte a Mester. – Amikor spirituális értelemben felnőtté válsz, többé nem fognak hiányozni az evilági gyönyűségek.

• • •

Egyszer, miután több tanult ember társaságában időzött, a Mester így szólt tanítványaihoz:

– Sok intellektuel, aki a prófétákat idézi, leginkább a gramofonra hasonlít. Ahogyan a gépezet anélkül játssza le a szent írásokból készített felvételt, hogy felfogná az értelmüket, úgy számos tudós is csak szajkózza a Szentírást, s közben nincs tudatában valódi jelentőségének. Nem ismerik fel a szent könyvek mélységes, sorsfordító értékeit. Az ilyen emberek nem Istenre eszmélnek olvasmányaik során, csupán *szavakat* bifláznak be. Büszkévé és okvetetlenkedővé válnak.

– Ezért mondogatom mindnyájatoknak, hogy kevesebbet olvassatok és többet meditáljatok – fűzte még hozzá.

• • •

Mondá a Mester:

– Úgy tűnik, a teremtett világban Isten szunnyad az ásványokban, álmodik a virágokban, felébred az állatokban, az emberben[33] pedig *tudja*, hogy ébren van.

• • •

Történt egyszer, hogy a Mester bőkezűen ajándékozott idejéből a tanítványoknak és igazságkeresőknek, azután felkereste Self-Realization sivatagi menedékének magányos békéjét. Amikor ő és kis csoportja elérték úti céljukat, s leállították a kocsi motorját, Paramahanszadzsí moccanás nélkül ült tovább az autóban. Úgy tűnt, egészen elmerült magában a sivatagi éj végtelen csendességében. Végül így szólt:

– Ahol kút van, a szomjúhozók odagyűlnek. De a kút olykor a változatosság kedvéért nem bánja, ha senki sem merít belőle.

---

[33] „Az emberi test nem egyszerűen az állatvilágból fejlődött ki, hanem Isten különleges teremtő aktusának eredménye. Az állati formák túlságosan kezdetlegesek voltak ahhoz, hogy az isteni jelleget a maga teljében kifejezzék; az ember páratlan adományként megkapta hát a gerincoszlop frissen felébredt, titkos erőközpontjait, és agyának »ezerszirmú lótuszát«, mely a mindentudás lehetőségét rejti magában." *Egy jógi önéletrajza*

• • •

– Testi alakotokban ott rejlik az istenségre nyíló titkos ajtó[34] – mondotta a Mester. – Gyorsítsátok fel fejlődéseteket megfelelő étrenddel, egészséges életmóddal, és a testek mint Isten temploma iránti tisztelettel! Nyissátok meg gerincoszlopának szent kapuját a tudományos meditáció gyakorlásával!

• • •

– Mindig is arra vágytam, hogy Istent keressem, Mester, de szeretnék megházasodni – mondta egy növendék. – Nem gondolod, hogy így is elérhetem az Isteni Célt?

– Az a fiatal ember, aki először inkább a családot választja, mert úgy véli, hogy Istent később is ráér keresni, alkalmasint súlyos hibát követ el – felelte a Mester.

---

[34] Az Úr teremtményei közül egyedül az ember testét látta el titkos gerincközpontokkal, amelyek felébresztése (jóga vagy egyes esetekben lángoló hitbuzgalom révén) isteni megvilágosodást hoz. A hindu szentírások következésképpen azt tanítják, hogy (1) az emberi test becses ajándék, és hogy (2) az ember anyagi karmáját csakis testi porhüvelyében képes beteljesíteni. Addig fog e földön újra meg újra testet ölteni, amíg mesterré nem válik. Az emberi test csak ekkorra tölti be rendeltetését, amiért megteremtetett. (Lásd a „reinkarnáció" szót a szójegyzékben.)

– Az ősi Indiában a gyerekeknek a rendházakban adtak oktatást önfegyelemből. Manapság az effajta képzés szerte a világon hiányzik. A modern ember kevéssé ura érzékeinek, ösztönzéseinek, hangulatainak és vágyainak. Azonnal környezete befolyása alá kerül. Az események természetes menete szerint felölti a családfői szerepet, és túlterheli magát evilági kötelességekkel. Így rendszerint még arról is megfeledkezik, hogy egy aprócska imádságot mondjon Istenhez.

• • •

– Miért van ilyen temérdek szenvedés mindenütt a földön? – kérdezte egy növendék.

A Mester így felelt:

– A szenvedésnek számos oka van. Többek között azért létezik, nehogy az ember túl sokat tudjon meg másokról, és túl keveset önmagáról. A fájdalom előbb-utóbb rákényszeríti az emberi lényt, hogy eltűnődjék: „Vajon az ok-okozat elv működését tapasztalom meg az életemben? Lehet, hogy helytelen gondolkodásomnak köszönhetem a bajaimat?"

• • •

Felismervén, mekkora terhet vesz magára a szent mások

megsegítésével, az egyik növendék egy szép napon azt mondta Paramahanszadzsínak:

– Uram, amikor eljő az ideje, te kétségkívül boldogan fogod hátrahagyni e földet, hogy többé soha ne térj vissza.

– Amíg lesznek e világon emberek, akik segítségért kiáltanak, addig én is mindig visszatérek csónakommal, és felkínálom nekik, hogy magammal viszem őket a mennyei partokra – felelte a Guru. – Hát megtehetem én, hogy a szabadság fényében sütkérezzem, míg mások szenvednek? A tudattól, hogy ők nyomorúságban élnek (ahogyan magam is élnék, ha Isten nem mutatta volna meg kegyelmét), még az Ő szavakkal ki nem fejezhető boldogságát sem tudnám maradéktalanul élvezni.

• • •

– Kerüljétek az élethez való negatív hozzáállást! – mondta a Mester tanítványai egy csoportjának. – Miért szegeznénk tekintetünket a csatornák szennyére, amikor szépség vesz körül bennünket? Az ember még a festészet, a zene és az irodalom legnagyobb mesterműveiben is találhat valami hibát. De nem tesszük-e jobban, ha inkább élvezzük varázsukat és nagyszerűségüket? Az életnek egyaránt megvan a maga fény- és árnyoldala, hiszen a viszonylagosság világa fényből és árnyékból áll. Ha engeditek, hogy gondolataitok folyton a rossz dolgokon járjanak, magatok is rúttá váltok. Csak a jót keressétek hát mindenben, hogy magatokba szívhassátok a szépség minőségét!

• • •

– Mester, csupán a jelenlegi életemnek[35] vagyok tudatában. Miért nincsenek emlékeim a korábbi megtestesüléseimről, és miért nem látom meg előre valamely jövendő létemet? – érdeklődött egy tanítvány.

Paramahanszadzsí így felelt:

– Az élet egy hatalmas lánc Isten óceánjában. Amikor e lánc egy darabját kihúzzák a vízből, te csak azt az aprócska darabot látod. A lánc eleje és vége rejtve marad előled. Jelenlegi megtestesülésedben csupán az élet láncának egyetlen szemét nézheted. A múlt és a jövő láthatatlanul bár, de ott rejlik Isten mélységeiben. Ő pedig azon híveinek tárja fel titkait, akik összhangban vannak Vele.

• • •

---

[35] Lásd a „reinkarnáció" szót a szójegyzékben.

– Hisz Ön Krisztus isteni mivoltában? – érdeklődött egy látogató.

A Mester így felelt:

– Igen. Nagyon szeretek róla beszélni, mert Krisztus az Önvalóra ismerés tökéletes példaképe. Azonban nem ő volt Isten *egyetlen* fia, és ezt soha nem is állította. Helyette egyértelműen azt tanította, hogy akik Isten akaratát követik, azok hozzá hasonlóan eggyé válnak az Úrral. Hát nem az volt Jézus küldetése a földön, hogy emlékeztessen minden embert arra, hogy az Úr az ő Mennyei Atyjuk, s megmutassa nekik a Hozzá visszavezető utat?

• • •

– Nem tűnik helyénvalónak, hogy a Mennyei Atya ilyen temérdek nyomorúságot megenged a világban – jegyezte meg egy növendék.

Paramahanszadzsí így felelt:

– Isten tervében szemernyi kegyetlenség sincsen, hiszen az Ő szemében nem létezik jó és gonosz, csupán a fény és árnyék képei. Az Úr rendelése, hogy úgy szemléljük az élet kettősségen alapuló jelenségeit, ahogyan Ő maga teszi: egy rendkívüli kozmikus dráma örökké derűs Szemtanújaként. Az ember hamisan azonosult az ál-lélekkel, avagy egóval. Amikor átviszi azonosságtudatát valódi lényére, a halhatatlan lélekre, egyszerre felfedezi, hogy minden fájdalom valótlan. Ezután már *elképzelni* sem tudja a szenvedés állapotát.

A Guru hozzáfűzte:

– A nagy mestereknek, akik azért jönnek e világra, hogy segítsenek összezavarodott fivéreiken, Isten megengedi, hogy elméjük egy bizonyos szintjén osztozzanak az emberi nem bánatában; ám ez az együtt érző részvét nem zavarja meg tudatuk mélyebb szintjeit, amelyeken a szentek csakis változatlan üdvözült boldogságot tapasztalnak.

• • •

A Mester gyakran mondogatta a híveknek:

– Ezt a dalt kell dúdolnotok magatokban úgy, hogy senki se hallja: „Uram, mindenkor a Tiéd leszek."

• • •

A hívek egyike úgy döntött, hogy elhagyja a remetelakot. Így szólt Paramahanszadzsíhez:

– Bárhová vetődjem is, mindig meditálni fogok, és követem a tanításaidat.

– Nem leszel képes rá – válaszolta a Mester.

– A te helyed itt van. Ha visszatérsz a régi életedhez, megfeledkezel erről az útról.

A növendék távozott. Felhagyott a meditáció gyakorlásával, és belevetette magát a világi életbe. A Guru bánkódott „elveszett báránya" miatt. Így szólt a tanítványokhoz:

– A gonosznak is megvan a maga hatalma. Ha mellé állsz, nem ereszt többé. Tehát amikor ballépést követsz el, nyomban térj vissza az egyenes útra!

• • •

– Ha valaki azt mondaná nektek, „én vagyok Isten", nem hinnétek, hogy igazat beszél – mondta a Mester tanítványai egy csoportjának. – Holott mindnyájan jogosan mondhatnánk: „Isten a lényemmé vált." Hiszen milyen más szubsztanciából alkothatott volna meg bennünket? Ő a teremtés egyedüli szövete. Mielőtt anyaggá gyúrta a jelenségvilágokat, semmi sem létezett Rajta, a színtiszta Szellemen kívül. Saját Lényéből teremtett meg mindent: a világegyetemet és az emberek lelkét.

• • •

– Olvassak könyveket? – kérdezte egy tanítvány.
– A szent könyvek tanulmányozása nagyobb

buzgalomra serkent Isten iránt, ha lassan olvasod a szakaszokat, és megpróbálod magadba szívni mély értelmüket – felelte a Mester. – Ha azonban anélkül olvasod a szent szövegeket, hogy követnéd előírásaikat, az bizony hiúságot, hamis elégedettséget és olyasvalamit eredményez, amit én „intellektuális gyomorrontásnak" nevezek. Sokan kénytelenek világi könyveket olvasni, hogy megkeressék a kenyerüket; azonban aki hozzád hasonlóan lemondott a világról, annak nem kell ily vallástalan írásokat forgatnia, amelyek lapjai Isten nélkül valók.

• • •

– A teremtett világ valóban az evolúció folyamatán megy keresztül? – kérdezte egy tanítvány.

– Az evolúció Isten sejtelme az emberi elmében, ami a viszonylagosság világában helytálló – felelte a Mester. – Ám valójában minden a jelen pillanatában megy végbe. A Szellemben nincs evolúció, ahogyan változatlan az a fénysugár is, amely révén a folyton változó mozgóképek a vászonra vetülnek. Az Úr képes a teremtés filmjét előre- vagy hátratekerni, de valójában minden az örökkévaló *jelenben* történik.

• • •

74

– Az önzetlen munkálkodás Istenért azt jelenti, hogy becsvágyónak lenni rossz dolog? – firtatta egy tanítvány.

– Dehogy, igenis becsvágyónak kell lennie annak, aki Istenért akar munkálkodni – mondotta a Mester. – Ha gyenge az akaratod, és kihalt belőled a becsvágy, akár máris búcsút mondhatsz az életednek. De ne hagyd, hogy a becsvágy világi kötelékekbe verjen! Kizárólag magad miatt törekedni bizonyos dolgokra bomlasztó; mások érdekében törekedni rájuk kibontakoztató; a legjobb hozzáállás azonban az, ha törekvéseiddel Isten kedvét keresed. Ez egyenesen az Isteni Jelenlétbe vezet.

• • •

– Vonzódom a remeteélethez – mondta egy férfi Paramahanszadzsínek –, de vonakodom feladni a szabadságomat.

– Amíg nem eszméltél rá Istenre, vajmi kevéssé lehetsz szabad – felelte a Mester. – Életedet így az ösztönzéseid, szeszélyeid, hangulataid, szokásaid és a környezeted vezérlik. Ha követed egy guru[36] tanácsait, és elfogadod fegyelmi szabályzatát, fokozatosan megszabadulsz az érzékek szolgaságából. A szabadság

---

[36] Lásd a „guru" kifejezést a szójegyzékben.

annyit jelent, hogy az ember képes a lélek útmutatása szerint, nem pedig a vágyak és szokások kényszerének hatására cselekedni. Ha az egódnak engedelmeskedsz, béklyóba vered magad; ha a lélek szavára hallgatsz, felszabadulsz.

• • •

– Uram, létezik a *Krija-jógán* kívül olyan tudományos módszer, amely elvezetheti a híveket Istenhez? – érdeklődött egy növendék.

– Igen – felelte a Mester. – Biztos és gyors úton vezet a Végtelenhez az, ha az ember huzamosan a szemöldökei között elhelyezkedő Krisztus-tudat[37] központjára irányozza a figyelmét.

• • •

– Rossz dolog kételkedni? A vakhit ugyanis nincs ínyemre – kérdezte egy növendék.

A Mester így felelt:

– A kétségnek két fajtája van: az egyik bomlasztó, a másik építő. A bomlasztó kétely a szokássá gyökeresedett szkepticizmus. Azok az emberek, akik ezt a hozzáállást

---

[37] Lásd a „spirituális szem" kifejezést a szójegyzékben.

Paramahansza Jógananda felszólalása a Self-Realization
Fellowship Tavi Szentélyének és Gandhi Világbéke-emlékművének
felszentelésén a kaliforniai Pacific Palisadesben, 1950

követik, vakon tagadnak; kitérnek az elfogulatlan kutatás feladata elől. A szkepticizmus olyan háttérzörej az ember elméjének rádióján, amely miatt nem képes befogni az igazság adóját. Az építő kétely azonban intelligens kérdésfeltevésen és méltányos vizsgálaton alapul. Akik ezt a hozzáállást követik, azok nem közelednek előítélettel a dolgokhoz, és nem fogadják el megalapozottnak mások véleményét. A spirituális ösvényen járók közül azok, akikben építő kétely munkál, következtetéseiket vizsgálódásra és személyes tapasztalataikra alapozzák: ami az igazság helyénvaló megközelítésmódja.

• • •

– Miért is adná meg magát Isten könnyűszerrel neked? – tette fel a kérdést a Mester egy előadás során. – Neked, aki olyan keményen dolgozol a pénzért, de a kisujjadat is alig mozdítod az isteni feleszmélésért. A hindu szentek azt tanítják, hogy ha akár egy röpke huszonnégy órás időszakot a folyamatos, szakadatlan imádságnak szentelnénk, az Úr máris megjelenne előttünk, vagy más módon tárulkozna fel számunkra. Ha akár naponta egy órácskát a Róla folytatott meditációnak áldozunk, Ő idővel el fog jőni hozzánk.

• • •

Paramahanszadzsí azt a tanácsot adta egy bizonyos intellektuális hajlandóságú tanítványnak, hogy igyekezzen kifejleszteni magában az áhítatot. Egy napon aztán úgy érezvén, hogy a fiatalember szépen halad előre, a Mester szeretetteljesen azt mondta neki:

– Maradj meg továbbra is állhatatosan az áhítat útján! Milyen „kopár" volt az életed, amíg egyedül az intellektusra támaszkodtál!

• • •

– A vágyak az ember legkérlelhetetlenebb ellenségei; képtelenség elcsillapítani őket – mondotta a Mester. – Csak egyetlen vágyat táplálj magadban: Isten megismerését! Az érzéki vágyak kielégítése sosem tesz elégedetté, hiszen nem vagy azonos az érzékeiddel. Érzékeid csupán a szolgáid, ám nem azonosak az Éneddel.

• • •

Amikor egy ízben Paramahanszadzsí és a tanítványok a tűzhely mellett üldögéltek a remetelak társalgójában, és spirituális témákról beszélgettek, a Mester így szólt:

– Képzeljetek el két embert! Jobb oldalukon az élet völgye fekszik, bal oldalukon a halál völgye terül el. Mindketten józan gondolkodású emberek, egyikük mégis jobbra indul, a másik pedig balra. Vajon miért? Azért, mert az egyikük helyénvalóan használta ítélőképességét, a másik viszont visszaélt vele, amikor rákapott hibái kimagyarázására.

• • •

– Mester, ugye dr. Lewis volt az első tanítványa ebben az országban?

Paramahanszadzsí így felelt:

– Úgy mondják.

Látván, hogy a kérdező egy kissé meghökkent, a Mester hozzáfűzte:

– Én sosem állítom, hogy mások a tanítványaim. Isten a Guru; mindenki az Ő tanítványa.

• • •

Az egyik növendék helytelenítette a tényt, hogy az újságokban rendszerint a világon elkövetett gonosztettekről szóló beszámolók vannak túlsúlyban.

– A gonosz a szél szárnyán terjed – mondta erre a Mester. – Az igazság viszont szél ellenében is képes szállni.

• • •

Sokan firtatták kíváncsian a Mester korát. Ő ilyenkor elnevette magát, és azt mondta:

– Én kortalan vagyok. Léteztem már az atomok előtt, a teremtés hajnala előtt is.

A tanítványoknak pedig a következő tanácsot adta:

– Mondogassátok magatoknak ezt az igazságot: „Én vagyok a végtelen Óceán, megsokasodom a hullámokban. Örökkévaló és halhatatlan vagyok. Én vagyok a Szellem."

•   •   •

– Mi tartja a Földet a pályáján? – kérdezte Paramahanszadzsí egy tanítványtól.

– A centripetális erő, avagy a nap tömegvonzása, Uram, ami megakadályozza, hogy a Föld elvesszen a világűrben – felelte az ifjú.

– És vajon mi gátolja meg a Földet abban, hogy e vonzás hatására belezuhanjon a Napba? – kérdezett tovább a Mester.

– A föld centrifugális ereje, Uram, amely révén bizonyos távolságot tart a Naptól.

A Mester jelentőségteljesen elmosolyodott. Később az áhítatos ifjú rádöbbent, hogy Paramahanszadzsí allegorikusan Istent nevezte a vonzó Napnak, az önző

81

embert pedig a Földnek, amely „távolságot tart".

• • •

Egy növendék megkísérelte gondolati úton, elemzéssel megragadni Isten mibenlétét. A Mester azt mondta neki:
– Ne hidd, hogy képes lehetsz ésszel felfogni a Végtelen Urat! A józan ész csak az okság elvét képes megragadni, amely a jelenségek világában érvényesül. Ám az ész tehetetlen, ha a transzcendentális igazság és az Ok Nélküli Abszolútum természetének megértéséről van szó. Az ember legmagasabb rendű képessége nem a józan ész, hanem az intuitív megérzés: ezzel ugyanis olyan tudást fogunk fel, amely nem az érzékek vagy az ész gyarló közvetítésével jut el hozzánk, hanem közvetlenül és spontán módon fakad a lélekből.

• • •

A Mester így szólt, hogy véget vessen egy vitának két növendék között:
– Az embernek csupán egyetlen valódi ellensége van: a tudatlanság. Munkálkodjunk hát közösen ennek kiirtásáért, s utunk során segítsük és vidítsuk fel egymást!

• • •

– Hogyan jelenhet meg Isten, a Meg Nem Nyilvánuló Abszolútum látható formában[38] valamely hívének? – kérdezte egy férfi.

A Mester így felelt:

– Ha kételkedsz, nem láthatod meg; ha pedig meglátod, nem kételkedhetsz.

• • •

– De Uram – bizonykodott egy tanítvány –, nekem sejtelmem sem volt róla, hogy a szavaim boldogtalanná teszik M_____-et!

– Ha tudtunkon kívül szegünk meg egy törvényt, vagy akaratlanul bántunk meg valakit, attól még éppúgy vétettünk. Az egoizmus az, ami tévútra vezet bennünket. A szentek sosem cselekszenek balgán, ugyanis lemondtak az egóról, és meglelték valódi önazonosságukat Istenben.

• • •

Egy tanítvány utálatának adott hangot egy olyan személy iránt, akinek bűntényeit a közelmúltban tárgyalták az újságok.

– Én sajnálom a beteg embert – mondotta a Mester.

[38] Lásd az „Istenanya" szót a szójegyzékben.

– Miért gyűlölnék olyasvalakit, aki bűnbe esett? Ő aztán *igazán* beteg!

• • •

– Ha egy víztározó falait lerombolják – mondta a Mester –, a víz minden irányban kizúdul belőle. Hasonlóképpen, amikor a nyugtalanság[39] és káprázat korlátait ledöntjük a meditáció által, az ember tudata kiterjeszkedik a végtelenségig, és beleolvad a Szellem mindenütt jelenvalóságába.

• • •

– Miért ad nekünk az Úr családot, ha nem akarja, hogy jobban szeressük a tagjait, mint a többi embert? – kérdezte egy növendék.

– Azáltal, hogy családba helyez bennünket, Isten alkalmat nyújt nekünk, hogy legyőzzük önzésünket, és megtanuljuk mások érdekeit szem előtt tartani – felelte a Mester. – A barátsággal pedig arra kínál módot, hogy tovább szélesítsük az emberek iránti rokonszenvünk körét. És itt sincs vége a folyamatnak; még messzebbre ki kell terjesztenünk szeretetünket, amíg csak isteni jellegűvé nem válik, hogy felölelje az összes lényt

---

[39] Lásd a „lélegzet" szót a szójegyzékben.

mindenütt. Másként hogyan valósíthatnánk meg egységünket Istennel, mindenek Atyjával?

• • •

A Guru szívbemarkoló képet festett Isten türelmes szeretetéről alábbi szavaival:

– Egyik aspektusában, éspedig igen megindító aspektusában az Urat koldusnak mondhatnánk, aki sóvárog a figyelmünkre. A Világegyetem Ura, kinek pillantása előtt megreszketnek mind a csillagok, napok, holdak és planéták, az ember után kuncsorog, és azt kérdezgeti tőle: „Nem ajándékoznál meg a jóindulatoddal? Hát nem szeretsz jobban Engem, az Adakozót, mint azokat a dolgokat, amelyeket megalkottam számodra? Nem akarsz felkutatni Engem?" Az ember azonban így felel: „Most túlságosan elfoglalt vagyok; rengeteg a dolgom. Nem szakíthatok időt arra, hogy Téged keresgéljelek." Mire az Úr: „Akkor hát várok."

• • •

A Mester tartott egy előadást a teremtésről és arról, hogy miért is fogott bele hajdan az Úr. Utána a tanítványok ki nem fogytak a kérdésekből. Paramahanszadzsí nevetett, és azt mondta:

– Ez az élet egy mesteri regény, amelyet Isten írt, és az ember megtébolyodna, ha megpróbálná egyedül a józan eszével megérteni. Ezért mondogatom nektek, hogy meditáljatok többet. Öblösítsétek ki intuíciótok[40] varázslatos serlegét, és akkor a végtelen bölcsesség óceánját is képesek lesztek befogadni.

•   •   •

– Úgy tudom, tagjaiknak két csoportja van: az egyik odakint él a világban, a másik lemondott a világról, és a remetelakban tölti napjait – mondta egy látogató. – Melyik csoport jár a helyesebb úton?

– Egyesek olyan mélységesen szeretik Istent, hogy semmi más nem számít nekik. Ők lemondanak a világról, és egyedül az Úrért munkálkodnak itt – felelte a Mester. – De azok sincsenek kirekesztve az isteni eggyé válásból, akiknek a világban kell dolgozniuk, hogy eltartsák magukat és családjukat. Nekik rendszerint hosszabb időbe telik, hogy ráleljenek Istenre, ennyi az egész.

•   •   •

Egy férfi amiatt siránkozott, hogy rosszul mennek a dolgai.

[40] Lásd az „intuíció" kifejezést a szójegyzékben.

– Bizonyosan a karmám az oka – mondta. – Mintha az égvilágon semmi sem sikerülne nekem.

– Akkor az eddiginél nagyobb erőfeszítést kell tenned – felelte a Mester. – Felejtsd el a múltat, és bízz jobban Istenben! Ő nem rendeli el előre a sorsunkat, és a karma[41] sem az egyedüli tényező, jóllehet életünket valóban *befolyásolják* múltbéli gondolataink és cselekedeteink. Ha nem vagy elégedett a sorsod alakulásával, változtass mindennapi szokásaidon! Nem szívesen hallom, amikor az emberek csak sóhajtoznak, és a korábbi életeikben elkövetett hibáiknak tulajdonítják jelenbeli kudarcaikat. Légy hát iparkodó, és gyomláld ki életed kertjét!

• • •

– Miért nem bünteti meg Isten azokat, akik káromolják az Ő nevét? – érdeklődött egy növendék.

A Mester így felelt:

– Istent éppúgy nem indítják meg az őszintétlen imádságok és magasztalások, ahogyan nem gerjesztik haragra a tudatlan ateista kirohanások. Ő csak a törvényein keresztül felel az embernek. Ha ököllel ütsz a kőre, vagy kénsavat iszol, te viseled a következményeit!

---

[41] Lásd a „karma" szót a szójegyzékben.

Ha megszeged az Ő élettörvényeit, lesújt rád a szenvedés! Gondolkozz helyesen, viselkedj nemesen, és beköszönt a békesség! Szeresd Istent feltétel nélkül, és eljő Ő maga!

• • •

– Azok a legnagyobbak, akik a legcsekélyebbnek tartják magukat, miként Jézus tanította – mondta Paramahanszadzsí. – Az a valódi vezető, aki elsőször megtanul másoknak engedelmeskedni, aki valamennyi embertársa szolgálójának érzi magát, és soha nem állítja magát piedesztálra. Akik hízelgésre vágynak, nem érdemlik meg csodálatunkat, ám aki szolgál bennünket, annak jussa van a szeretetünkre. Isten talán nem szolgálója az Ő gyermekeinek, és vajon kér érte bármiféle dicséretet? Dehogy, túl nagy ő ahhoz, hogy az efféle dicséret meghatná.

• • •

A Mester egyszer épp a Self-Realization lelkészeinek adott tanácsokat szentbeszédeik elkészítéséhez. Így szólt:

– Először is merüljetek a mély meditáció állapotába! Azután a meditációval rátok köszöntő békesség érzését dajkálva gondoljatok beszédetek témájára! Vessétek

papírra gondolataitokat, és fűszerezzétek őket egy-
két mulatságos történettel, mert az emberek szeretnek
nevetni, majd zárszóként vegyetek egy idézetet az *SRF*
*leckéi*ből![42] Végül tegyétek félre jegyzeteiteket, és
verjétek ki a fejetekből az egészet! Csak azelőtt kérjétek
a Szellemet, hogy áradjon szét gondolataitokon, mielőtt
megtartanátok szentbeszédeteket a templomban. Ily
módon nem az egóból, hanem Istenből fogtok ihletet
meríteni.

• • •

Egy asszony arról számolt be a Gurunak, hogy jóllehet
rendszeresen eljár a templomi szertartásokra, jottányit
sem érzi magát közelebb Istenhez. Paramahanszadzsí
így felelt:

– Ha elmagyarázom neked, hogy egy gyümölcsnek
pontosan milyen a színe, mennyire édes és hogyan terem,
még mindig csupa lényegtelen részletet fogsz tudni róla.
Ha meg akarod ismerni sajátos zamatát, neked magadnak
kell belekóstolnod. Hasonlóképpen, ha rá akarsz ébredni
az igazságra, neked magadnak kell megtapasztalnod.

Majd hozzátette:

[42] Lásd a szójegyzéket.

89

– Én csupán felkelteni tudom az étvágyad az isteni gyümölcs iránt. Miért nem nyújtod ki érte a kezed, és harapsz bele magad?

• • •

– Mindnyájan csupán hullámok vagyunk az Óceán kebelén – mondotta a Mester. – A tenger létezhet hullámok nélkül, a hullámok viszont nem létezhetnek a tenger nélkül. Hasonlóképpen a Szellem képes meglenni az ember nélkül, az ember azonban nem létezhet a Szellem nélkül.

• • •

Egy áhítatos hívő küszködve igyekezett legyőzni gyengeségeit – vajmi kevés sikerrel. Így szólott hozzá a Mester:

– E pillanatban nem azt kérem tőled, hogy legyőzd a *máját*. Mindössze annyit kérek, hogy állj ellen neki!

• • •

A Mester azt mondta egy új tanítványnak, aki alig várta, hogy megmenekedhessen az élet megpróbáltatásaitól:

– Az Isteni Orvos addig tart téged a földi káprázatok ispotályában, amíg kikúrál az anyagi dolgok iránti vágyakozásodból. Azután majd megengedi, hogy megtérj Otthonodba.

• • •

Egy keleti parti előadása alkalmával a Mester megismerkedett egy tekintélyes üzletemberrel. Beszélgetésük folyamán a férfi megjegyezte:

– Én egyszerre vagyok viszolyogtatóan egészséges és viszolyogtatóan gazdag.

– De ugyebár nem viszolyogtatóan boldog is? – kérdezte tőle a Mester.

A férfi felfogta a célzást, és tanítvánnyá lett.

• • •

Az „Ímé az ajtó előtt állok és zörgetek; ha valaki meghallja az én szómat és megnyitja az ajtót, bemegyek ahhoz és vele vacsorálok, és ő én velem"[43] bibliai passzusra utalva a Mester így szólt:

– Krisztus szüntelen igyekszik belépni szívetek ajtaján, ám az közönyötök miatt csukva marad előtte.

• • •

[43] Jel 3:20

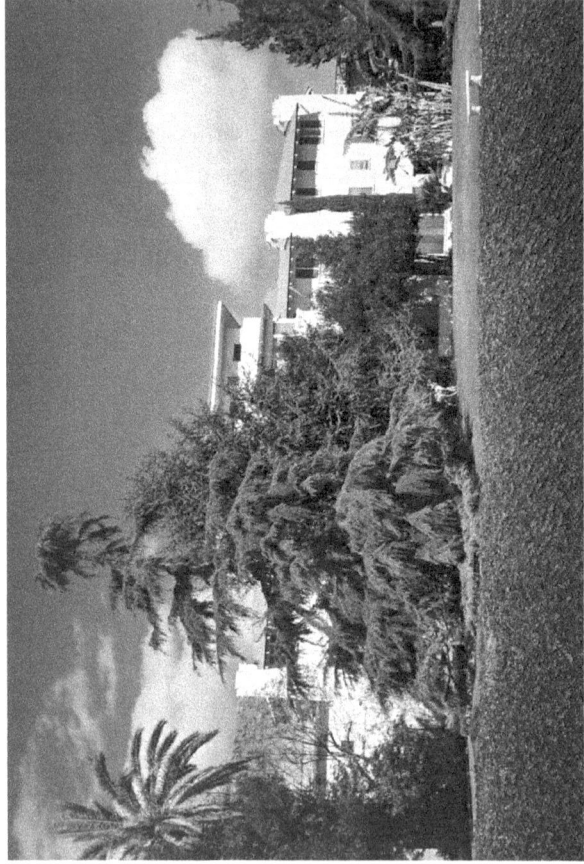

A Self-Realization Fellowship és az indiai Yogoda Satsanga Society nemzetközi székhelye a Los Angeles-i Mt. Washingtonon, Kaliforniában

– Szerencsés dolog, Uram, hogy éppen most prédikál itt Amerikában. Két világháború után az emberek fogékonyabbak az Ön spirituális üzenetére – jegyezte meg egy férfi, aki kevéssel korábban olvasta az *Egy jógi önéletrajzát.*

– Bizony – felelte a Mester. – Ötven esztendővel ezelőtt még közönyösek lettek volna. „Mindennek rendelt ideje van, és ideje van az ég alatt minden akaratnak."[44]

• • •

A Mester észrevette, hogy a Self-Realization Fellowship, a tanításainak terjesztésére alapított szervezet gyors növekedésével egyes tanítványok mindjobban belemerültek a munkába. Így intette őket:

– Soha ne legyetek túl elfoglaltak ahhoz, hogy titkon így énekeljetek az Úrnak: „Te az enyém vagy; és én a Tiéd!"

• • •

Látván, hogy egy tanítvány borús kedélyállapotba merült, a Mester szelíden így szólt hozzá:

– Amikor a boldogtalanság tövise a szívedet szúrja, a

---

[44] Préd 3:1

meditáció tüskéjével tudod kipiszkálni.

• • •

– Ez az út bizony nem henyéknek való – mondta a Mester a Mt. Washington Központ egy új bentlakójához intézett rövid üdvözlőbeszédében. – A tétlen ember nem lelhet rá Istenre, a Bámulatosan Serény Teremtőre! Ő nem segít azoknak, akik Rá akarják hárítani az összes munkát. Titkon azoknak nyújt segedelmet, akik derűsen és intelligensen elvégzik kötelességeiket, és akik így beszélnek: „Uram, Te vagy az, ki irányítod agyam és két kezem!"

• • •

Egy növendék panaszkodott, hogy túlságosan elfoglalt, semhogy meditálhatna. A Mester velősen így felelt:

– Mi lenne, ha Isten is túl elfoglalt lenne ahhoz, hogy gondodat viselje?

• • •

– Az emberi test egy isteni eszme az Úr elméjében – mondotta a Mester. – Ő a halhatatlan fény sugaraiból[45]

---

[45] „Ha azért a te szemed tiszta, a te egész tested világossá lesz." Mát 6:22

alkotott meg minket, majd porhüvelyünkbe zárt. Mi pedig romlandó porhüvelyünk gyarlóságaira fordítjuk figyelmünket a benne rejlő örökkévaló életerő helyett.

•   •   •

– Isten oly ködösnek és távolinak tűnik számomra – érvelt egy növendék.

– Az Úr csak azért tűnik távolinak, mert a figyelmed kifelé irányul az Ő teremtett világára, nem pedig befelé, Őreá – mondotta a Mester. – Valahányszor elméd a miriádnyi világi gondolat útvesztőjében bolyong, türelmesen tereld vissza a benned lakozó Úr emlékképéhez! Idővel azt veszed majd észre, hogy Ő mindig ott van veled: Isten a saját nyelveden fog szólni hozzád, s az Ő orcája kandikál ki rád minden virágból, bokorból és fűszálból. Ekkor majd elmondhatod: „Végre szabad vagyok! A Szellem fátyolszövetébe öltöztem, s a fény szárnyain szállok fel a földről a mennybe." És ebben az örömben lényed feloldódik.

•   •   •

– Meg tudod állapítani pusztán ránézésre valakiről, hogy mennyire fejlett spirituálisan? – kérdezte egy tanítvány Paramahanszadzsítől.

– Egy szempillantás alatt – felelte a Mester. – Én meglátom az emberek rejtett oldalát, hiszen ez a feladatom az életben. De nem beszélek a tapasztalataimról. Aki önző módon bizonygatja tudását, az nincs a tudás birtokában. Aki valóban birtokosa a tudásnak, mert ismeri Istent, az néma marad.

• • •

A Mester ezt mondta egy női tanítványnak, aki ismételten azt kérte a Mestertől, hogy ruházza fel Isten-tudattal, ám kisujját sem mozdította, hogy felkészüljön erre az állapotra:

– Aki igazán szereti Istent, ösztönzést nyújthat ugyan henye fivéreinek és nővéreinek, kik szeretnének visszatérni honukba Istenhez; az utat azonban nekik maguknak kell megtenniük lépésről lépésre.

• • •

A tanítványok a karácsony előtti napon minden évben összegyűltek a Mesterrel a Mt. Washington Központban meditációra. A szent ülés rendszerint reggeltől egészen az esteli órákig eltartott. Az 1948-as karácsonyi meditáció alkalmával az Istenanya megjelent a Mesternek, és a megilletődött tanítványok hallották, ahogy a Mester beszél Hozzá. Több ízben felkiáltott mély sóhajjal:

– Ó, oly gyönyörűséges vagy!

Paramahanszadzsí a jelenlévő hívek közül jó néhánynak tolmácsolta az Istenanya életvitelükkel kapcsolatos kívánságait. Egyszerre aztán feljajdult:

– Ne menj! Azt mondod, ezeknek az embereknek a tudat alatti, anyagias vágyai űznek el Téged? Ó, jöjj vissza! Jöjj vissza!

• • •

– Sosem tudtam hinni a mennyországban, Mester – jegyezte meg egy új növendék. – Valóban létezik ilyen hely?

– Persze – felelte Paramahanszadzsí. – Akik szeretik Istent, és belé helyezik bizalmukat, oda kerülnek a haláluk után. Azon az asztrális síkon[46] az embernek hatalmában áll puszta gondolata által bármit azon nyomban megteremteni. Az asztráltest csillámló fényből áll. E birodalmakban olyan színek és hangok léteznek, amelyekről itt, a földön mit sem tudunk. Gyönyörű és kellemetes világ ez, ám még a mennyország megtapasztalása sem a legmagasabb rendű állapot.

---

[46] Lásd az „asztrális világok" kifejezést a szótárban.

Az ember akkor jut el a végső üdvözültség állapotába, amikor túlemelkedik a jelenségek szféráin, és Abszolút Szellemként eszmél rá Istenre és önmagára.

• • •

– Az egymás mellett heverő gyémántra és széndarabra egyformán rásüt a napsugár; ám míg a széndarab átlátszó és tiszta gyémánttá nem válik, nem képes visszatükrözni a napfényt – mondotta a Mester. – Hasonlóképpen a spirituálisan homályos köznapi ember sem hasonlítható szépségben a megtisztult hívekhez, akik képesek visszatükrözni Isten fényét.

• • •

– Tartózkodjatok a pletykától és a szóbeszéd terjesztésétől! – intett a Mester egy csoport tanítványt. – Ha egy hazugság egyszer szárnyra kap, többé senki sem érhet a nyomába.

– Egy férfi, aki valaha a remetelakban élt, gyakran állított valótlanságokat másokról. Egy napon alaptalan híreszteléseket kezdett terjeszteni egy fiúról. Amikor ezek a fülembe jutottak, magam is néhány ember fülébe suttogtam egy koholt, de ártalmatlan történetet a pletykaterjesztő férfiról.

A férfi csakhamar fel is keresett, és méltatlankodva mondta:

„Hallgasd csak meg, mit terjeszt itt rólam mindenki!"

Én udvariasan végighallgattam. Amikor befejezte a történetet, megkérdeztem tőle:

„Nem tetszik neked a dolog, ugyebár?"

„Hát persze, hogy nem!"

„Most már tudod, hogy érezte magát az a fiú, amikor mások szájról szájra adták a hazugságot, amit te mondtál róla. – A férfi zavarban volt. Én pedig folytattam a mondandómat: – Magam bocsátottam szárnyára ezt a híresztelést veled kapcsolatban. Azért csináltam, hogy leckét adjak neked a mások iránti megfontoltságból, hisz ezt a leckét mindeddig képtelen voltál bármilyen más módon megtanulni.

• • •

– Mélyen el kell merülnötök a meditációban – mondta a Mester tanítványai egy csoportjának. – Amint egy kis teret nyittok a nyughatatlanságnak, újra felütik fejüket a régi bajok: a nemi vágy, az ital utáni sóvárgás és a kapzsiság.

• • •

– Úgy tűnik nekem, az embernek vajmi kevés szabad akarata van – jegyezte meg egy növendék. – Az életem rengeteg szempontból „meghatározott".

– Fordulj Isten felé, és egyszer csak azt veszed majd észre, hogy már le is ráztad magadról a szokások és a környezet béklyóit – felelte a Mester. – Noha az élet drámája egy kozmikus terv szerint bontakozik ki, az ember bármikor megváltoztathatja a maga szerepét, ha áthelyezi tudata középpontját. Az egóval azonosuló Én keze meg van kötve; a lélekkel azonosuló Én szabad.

• • •

A Mt. Washington Központ egy látogatója így szólt Paramahanszadzsíhez:

– Hiszek Istenben, ő mégsem segít rajtam.

– Az Istenbe vetett hit és az Istenbe vetett bizalom két különböző dolog – felelte a Mester. – A hit értéktelen, ha nem teszed próbára, és nem hatja át az életed. Bizalom csak a tapasztalattá alakult hitből sarjadhat. Ezért szólott Malakiás próféta ekképpen: *„Próbáljatok meg engem, azt mondja a Seregeknek Ura, ha nem nyitom meg az ég csatornáit, és ha nem árasztok reátok áldást bőségesen."*[47]

[47] Mal 3:10

• • •

Egy növendék súlyos hibát követett el, azután így siránkozott:

– De hiszen én mindig a bevett jó szokások szerint éltem. Hihetetlennek tűnik, hogy ilyen szerencsétlenség megeshetett épp velem.

– Te abban tévedtél, leányom, hogy túl erősen támaszkodtál a jó szokásokra, és elhanyagoltad a helyes ítélőképesség szüntelen gyakorlását – mondotta a Mester. – Jó szokásaid segítenek az ismerős hétköznapi élethelyzetekben, ám sokszor nem elégségesek az iránymutatáshoz, amikor új problémával szembesülsz. Ilyenkor az ítélőképességedet kell latba vetned. A mélyebb meditáció révén meg fogod tanulni, hogyan választhatod mindenben a helyes irányt még akkor is, ha rendkívüli körülményekkel találod szembe magad.

Majd hozzátette:

– Az ember nem holmi automata, következésképpen nem élhet mindig bölcsen pusztán azáltal, hogy lefektetett szabályokat és merev erkölcsi előírásokat követ. A legkülönfélébb mindennapi problémák és események tág teret nyitnak a jó ítélőképesség kifejlesztéséhez.

• • •

Egy nap Paramahanszadzsí erősen megdorgált egy szerzetest helytelen magatartása miatt.

– De ugye meg fogsz nekem bocsátani, Uram? – kérdezte a tanítvány.

– Hát mi mást tehetnék? – felelte erre a Mester.

• • •

Az ifjabb és idősebb női tanítványok egy nagy csoportja jókedvűen piknikezett a Mesterrel a Self-Realization encinitasi asramközpontjában a Csendes-óceánra nyíló kilátásban gyönyörködve, amikor Paramahanszadzsí így szólt:

– Mennyivel szebb ez, mint a nyughatatlan világi emberek időpazarló szórakozásai. Itt mindnyájan a béke és boldogság kincseit gyűjtitek magatoknak. Isten kívánsága az, hogy gyermekei egyszerűen éljenek, és elégedettséggel töltsék el őket az ártatlan örömök.

• • •

– Ne törődjetek mások hibáival! – intett a Mester. – A bölcsesség súrolóporával saját elmétek helyiségeit tartsátok ragyogó tisztán és makulátlanul! A példátok másokat is arra ösztönöz majd, hogy elvégezzék a saját nagytakarításukat.

102

• • •

Két tanítvány, akik jogtalanul haragudtak egyik fivérükre, panaszaikkal a Mesterhez fordultak. Ő némán végighallgatta őket. Amikor pedig a tanítványok végére értek mondandójuknak, csak annyit felelt:
– Változzatok meg ti magatok!

• • •

– Tereld gyermekeid akaratát neveléseddel a helyes irányba, minél távolabb az önzéstől és a belőle fakadó boldogtalanságtól! – mondta a Mester egy anyának.
– Ne csorbítsd szabadságukat, és ne ellenkezz velük feleslegesen! Szerető tanácsokkal lásd el őket, s közben légy tisztában azzal, milyen fontosak számukra saját apró-cseprő vágyaik! Ha megfenyíted őket ahelyett, hogy a lelkükre beszélnél, elveszíted bizalmukat. Ha valamelyik gyerek csökönyösködik, magyarázd meg neki egyszer az álláspontodat, azután ne mondj semmi többet! Hadd üsse csak meg a bokáját; így hamarabb tesz szert józan ítélőképességre, mintha elárasztod intelmekkel.

[Tanítványokból álló spirituális családja nevelése során Paramahanszadzsí is a saját tanácsát követte. Segített a legkülönbözőbb korú „gyermekei" akaratát a helyes irányba hajlítani. Tanácsait mindenkor szeretettel, és az egyes hívek egyéni természetének és szükségleteinek teljes tudatában adta. Ritkán rótt meg valakit kétszer; egy ízben rámutatott a tanítvány valamely gyengéjére, azután többé nem hozta szóba.]

· · ·

– Bajos dolog egy illatos rózsa vagy egy bűzösborz közelében lenni anélkül, hogy hatnának az emberre – mondta a Mester. – Jobban tesszük tehát, ha csak emberi rózsaszálak társaságában időzünk.

· · ·

– Nekem tetszenek a tanításai. De mondja csak, keresztény Ön? – A kérdező először beszélgetett Paramahanszadzsível.

A Guru így felelt:

– Hát nem arra tanított-e bennünket Krisztus: „Nem minden, aki ezt mondja nékem: Uram! Uram! megyen be a mennyek országába; hanem aki cselekszi az én mennyei Atyám akaratát"?[48] A Bibliában a *pogány* kifejezés bálványimádót jelent: olyan embert, akinek figyelme nem

[48] Mát 7:21

az Úrra, hanem a világ csábításaira irányul. A materialista hiába jár templomba vasárnaponként, attól még pogány marad. Aki ellenben mindenkor égeti a Mennyei Atya emlékezetének lámpását, és engedelmeskedik Jézus tanításainak, az keresztény.

Majd a Mester hozzáfűzte:

– Ezek után Önnek kell eldöntenie, hogy kereszténynek tart-e engem.

• • •

– Látod, mily üdvös dolog az Úrért munkálkodni? – mondta a Mester egy fogékony és fáradságot nem ismerő tanítványnak. – Az egoizmus, avagy önzés érzése bensőnkben nem más, mint próbatétel. Vajon bölcsen a Mennyei Atya érdekében fogunk fáradozni, vagy balgán önmagunkért? Ha a megfelelő szellemben végezzük tevékenységeinket, rá fogunk jönni, hogy az Úr az egyetlen Cselekvő; vagyis hogy minden erő isteni, és az Egyetlen Lényből, Istenből ered.

• • •

– Az élet Isten nagyszerű álma – mondta a Mester.

– Ha az élet csupán egy álom, akkor a fájdalom miért olyan valóságos? – kérdezte egy növendék.

105

– Amikor az álombeli fej nekimegy az álombeli falnak, az álombeli fájdalmat okoz – felelte Paramahanszadzsí. – Az álmodó mindaddig nincs tudatában káprázatokból szövődő álmának, amíg fel nem ébred. Hasonlóképpen az ember sincs tisztában a kozmikus álom csalóka természetével, amíg fel nem eszmél Istenben.

• • •

A Mester hangsúlyozta a kiegyensúlyozott élet szükségességét, amelyben tevékenység és meditáció egyaránt szerepet kap.

– Amikor Istenért munkálkodsz – mondta –, az éppolyan üdvös, mint a meditáció. Ekkor a munka elősegíti meditációdat, és a meditáció előmozdítja munkádat. Szükséged van a kettő egyensúlyára. Ha kizárólag meditálsz, ellustulsz. Ha folyton csak tevékenykedsz, elmédet világi gondolatok töltik meg, és megfeledkezel Istenről.

• • •

– Gyönyörű gondolat, hogy az Úr mindnyájunkat egyformán szeret – mondta egy látogató –, mégis igazságtalannak tűnik, hogy Ő éppannyit törődik a bűnössel, mint a szenttel.

– A gyémánt talán kevésbé értékes, ha sár borítja? – kérdezte a Mester. – Isten lelkünk változhatatlan szépségét látja. Ő tudja, hogy nem vagyunk azonosak a hibáinkkal.

• • •

Sokan vannak olyanok, akik mintha elutasítanák a haladást, és inkább a megszokott kerékvágásban döcögnek tovább tevékenységeikben és gondolataikban.

– Én az effajta embereket „lélektani őskövületnek" szoktam nevezni – mondta a Mester tanítványainak. – Soha ne váljatok ilyenné, nehogy halálotok után az angyalok így szóljanak: „Nicsak, itt jön egy őskövület! Zsuppoljuk csak vissza a földre!"[49]

• • •

– Mi a különbség egy világi és egy gonosz ember között? – kérdezte egy férfi.

A Mester így felelt:

– Az emberek zöme világi, de csak elvétve akad közöttük igazán gonosz. A „világi" azt jelenti, hogy balga: aki nagy jelentőséget tulajdonít apró-cseprő

---

[49] Lásd a „reinkarnáció" szót a szójegyzékben.

ügyeknek, és tudatlanságból távol marad Istentől. A „gonosz" azonban azt jelenti, hogy az illető szándékoltan hátat fordít Istennek, ezt pedig nem sokan teszik meg.

• • •

Egy új növendék elképzelhetőnek tartotta, hogy ha tüzetesen tanulmányozza a Mester tanításait, akkor a meditáció gyakorlása nélkül is elsajátíthatja őket. Paramahanszadzsí azt mondta neki:

– Az igazság felfogása szükségképpen a bensőnkből sarjad ki, nem lehet kívülről beoltani az emberbe.

• • •

– Ne keseregjetek, ha meditáció közben nem láttok sem fényt, sem képeket! – buzdította a Mester a híveket. – Merüljetek el mélyen az Üdvös Boldogság érzékelésébe, hiszen ott leltek rá Isten valódi jelenlétére! Ne a részt keressétek, hanem az Egészt!

• • •

Egy bizonyos növendék, akit a Mester beavatott a *Krija-jógába*, így szólt egy másik növendékhez:

– Én nem végzem naponta a Krija-gyakorlatokat. Inkább megpróbálom felidézni annak az örömnek az emlékét, amely az első alkalommal eltöltött, amikor ezt a technikát használtam.

Amikor Paramahanszadzsí meghallotta a történetet, felnevetett, és azt mondta:

– Olyan ő, mint az éhes ember, aki elutasítja az ételt, és így szabadkozik: „Nem kérek, köszönöm. Igyekszem táplálni magamban azt az elégedettségérzést, amely egy múlt heti lakoma után eltöltött."

• • •

– Mester, én mindenkit szeretek – mondta egy női tanítvány.

– Egyedül Istent kell szeretned – felelte neki Paramahanszadzsí.

Néhány héttel később a Guru találkozott a tanítvánnyal, és megkérdezte tőle:

– Szereted a többi embert?

– Egyedül Istennek tartogatom a szeretetem – felelte az ájtatos tanítvány.

– Mindenkit egyformán kell szeretned.

Az elképedt tanítvány megkérdezte:

– Hogy érted ezt, Uram? Először azt mondod, hogy helytelen dolog mindenkit szeretni; azután azt állítod, hogy helytelen bárkit is kirekeszteni a szeretetünkből.

– Te az emberek személyiségéhez vonzódsz; ez pedig beszűkítő kötődésekhez vezet – magyarázta a Mester. – Ha majd igazán szereted Istent, Őt fogod látni minden egyes arcban, és akkor majd megérted, mit jelent mindenkit szeretni. Nem testi alakokat és egókat kell imádnunk, hanem a mindenkiben benne lakozó Urat! Egyedül ő tölti el teremtényeit élettel, vonzerővel és egyéniséggel.

• • •

Egy tanítvány hangot adott abbéli vágyának, hogy kedvében járjon a Mesternek. Paramahanszadzsí így felelt:
– Az én boldogságom abban a tudatban rejlik, hogy te boldog vagy Istenben. Szilárdan vess horgonyt Őbenne!

• • •

– Igen erősen vágyakozom Isten után – mondta egy tanítvány.
Mire a Mester így felelt:
– Ez a legnagyobb áldás, hogy szívedben érzed az Ő vonzását. Így közli veled Isten: „Túl sokáig játszadoztál az Én teremtett világom játékszereivel. Most már szeretném, ha itt lennél mellettem. Jöjj hát haza!"

• • •

A Self-Realization-rend szerzetesei és apácái közül néhányan azt vitatták meg Paramahanszadzsível, hogy mennyiben előnyösebb szerzetesi öltözéket viselni az Isten-keresőknek. A Mester azt mondta:

– Nem a gúnyátok számít, hanem a hozzáállásotok. Tegyétek szíveteket Isten hajlékává, s öltözzetek az Ő szeretetébe!

• • •

Azt fejtegetvén, hogy milyen dőreség rossz társaságba keveredni, a Mester így szólt:

– Ha az ember fokhagymát hámoz, vagy záptojáshoz nyúl, taszító bűz marad a kezén, amit csak nagy sokára lehet lemosni.

• • •

– Amíg a test-tudatba elmerülten élünk, olyanok vagyunk, miként idegenek egy ismeretlen földön – mondotta a Mester. – A mi hazánk a mindenütt jelenvalóság.

• • •

111

Tanítványok egy csoportja a Mesterrel sétált az encinitasi remetelak pázsitján, amely az óceánra néz. Sűrű köd és sötétség borult a tájra. Valaki meg is jegyezte:

– Milyen hűvös és borús az idő!

– Ilyesféle légkör uralkodik a materialista ember halálos ágyánál – mondotta a Mester. – Úgy tűnik számára, mintha sűrű ködbe siklana át e világból. Semmi sem világos előtte, és egy ideig csak szorong és elveszettnek érzi magát. Azután karmájával összhangban vagy továbblép egy ragyogó asztrális világba[50], hogy ott spirituális leckéket sajátítson el, vagy kábulatba süllyed, amíg el nem érkezik számára a megfelelő karmikus pillanat, hogy újjászülessen a földön. Az áhítatos, Isten-szerető hívő tudatát nem zavarja meg az átmenet e világból a következőbe. Ő erőfeszítés nélkül lép be a fény, a szeretet és az öröm birodalmába.

• • •

– Az emberek zöme belevész az anyagi világ dolgaiba – mondotta a Mester. – Ha gondolnak egyáltalán Istenre, csak azért teszik, hogy pénzt vagy egészséget kérjenek Tőle. Ritkán imádkoznak a legmagasztosabb

---

[50] Lásd a „asztrális világok" a szójegyzékben.

ajándékét: az Ő orcájának látásáért s kezének átformáló érintéséért. Az Úr ismeri gondolataink folyását, és nem fedi fel előttünk Magát mindaddig, amíg utolsó evilági vágyunkat is fel nem ajánlottuk Neki; amíg mindnyájan ki nem mondjuk: „Atyám, vezérelj és végy birtokba engem!"

•   •   •

– Bármilyen irányba fordítasz egy iránytűt, a hegye mindig észak felé mutat – mondotta a Mester. – Ugyanez igaz a valódi jógira is. Bármily sokféle külső tevékenységbe merüljön is el, elméje mindig az Úrra irányul. Szíve pedig szüntelenül ezt a dalt zengi: „Istenem, Istenem, Te nékem legkedvesebb!"

•   •   •

– Ne várjátok napról napra, hogy éltetek kertje spirituális virágot hozzon! – mondta a Mester tanítványai egy csoportjának. – Higgyetek benne, hogy az Úr, akinek szenteltétek magatokat, a kellő időben megadja néktek az isteni beteljesedést! Ti már elvetettétek az Isten felé törekvés magvait; öntözzétek hát imádsággal és helyes cselekedetekkel! Tépjétek ki kertetekből a kétség, döntésre való képtelenség, és lehangoltság

113

gyomnövényeit. Amikor az isteni észleletek csírái megjelennek, ápoljátok őket áhítatos gonddal! És egy reggel megpillantjátok majd az Istenre eszmélés virágát!

• • •

Paramahanszadzsí eszmefuttatásba bocsátkozott tanítványai egy csoportja előtt. A hívek egyike, aki látszólag teljesen átadta magát a Guru szavainak, szabad folyást engedett csapongó gondolatainak. Amikor eljött az idő, hogy mindnyájan nyugovóra térjenek, Paramahanszadzsí az alábbi megjegyzést tette tanítványának:

– Az elme olyan, akár egy ló; érdemes megbéklyózni, nehogy megbokrosodjon.

• • •

Sok férfi és nő, nem lévén tisztában a spirituális igazságokkal, elutasítja a segítséget, amelyet a bölcs buzgón felkínál nekik, s gyanakvón veti el tanácsát. Egy napon Paramahanszadzsí felsóhajtott:

– Az emberek oly leleményesen óvják tudatlanságukat!

• • •

Egy igyekvő új növendék azt várta, hogy egyik napról a

114

másikra, mintegy varázsütésre eredményeket fog elérni, s így egyheti erőfeszítései után csalódottan állapította meg, hogy semmiféle jelét nem képes felfedezni magában Isten jelenlétének.

– Ha nem bukkansz rá a gyöngyre egy-két lemerüléssel, ne az óceánt hibáztasd, inkább a saját búvártudásod fogyatékosságait – mondotta a Mester. – Te egyszerűen nem merültél még elég mélyre.

• • •

– A meditáció gyakorlása révén – mondta a Mester – rá fogtok döbbenni, hogy szívetek egy hordozható Édenkertet rejt.

• • •

A Mester sok szempontból a világ legjámborabb embere volt, de adott esetben hajthatatlan is tudott lenni. Egy bizonyos növendék, aki csak az engedékeny oldaláról ismerte Paramahanszadzsít, kezdte elhanyagolni kötelességeit, mire a Guru alaposan összeszidta. Látván az elképedést a fiatalember szemében váratlan szigora miatt, a Mester így szólt:

– Ha te megfeledkezel a nemes célról, amely idehozott téged, nekem eszembe jut spirituális kötelezettségem, hogy kijavítsam hibáidat.

• • •

A Guru nagy súlyt helyezett arra, hogy teljesen őszinték legyünk Istennel. Azt mondta:
– Az Urat nem lehet egy templomi gyülekezet nagyságával, gazdaságságával vagy szépen felépített szentbeszédekkel megvesztegetni. Isten csak a szívek oltárát keresi fel, amelyet az áhítat könnyei mosnak tisztára, és a szeretet gyertyái világítanak meg.

• • •

A hívek egyike elkeseredett, mert úgy látta, hogy tanítványtársai nagyobb spirituális előrehaladást tesznek nála. A Mester azt mondta neki:
– Te a saját tányérod helyett a közös tálra szögezed a tekinteted, nem azt nézed, hogy te mit kaptál, hanem azt vizslatod, hogy mi nem jutott neked.

• • •

A Mester gyakran mondogatta igazságkeresőkből álló nagy családjáról:
– Az Istenanya küldte nékem e lelkeket, hogy számos szív kelyhéből szürcsölhessem az Ő szeretetének nektárját.

116

• • •

Az egyik tanítvány, aki szívén viselte a Guru üzenetének terjesztését, mindig ujjongott, valahányszor különösen sokan gyűltek össze a hollywoodi Self-Realization Templomban. Paramahanszadzsí azonban azt mondta:

– A boltosok tartják gondosan számon, hányan tértek be az üzletükbe. Én soha nem így tekintek az egyházunkra. Ahogy mondani szoktam, örömöm lelem a „lelkek sokaságában", ám feltétel nélkül mindenkit barátságomban részesítek, akár eljön ide, akár nem.

• • •

A Mester így szólt egy csüggedt tanítványhoz:

– Ne légy borúlátó! Soha ne mondd, hogy nem haladsz előre! Amikor azt gondolod, hogy „nem vagyok képes rálelni Istenre", te mondod ki magadra ezt az ítéletet. Hiszen senki más nem tartja távol tőled az Urat.

• • •

– Mester, áruld el nekem, milyen imádsággal vonzhatom magamhoz leghamarabb a Szeretett Isteni Lényt! – kérte egy hindu hívő.

Paramahanszadzsí így felelt:

117

– Az imádság azon drágaköveit add Istennek, amelyek saját szíved kincsesbányájának mélyén rejlenek!

• • •

A Mester, aki mindenkor bőkezűen osztotta meg másokkal mindazt, ami neki adatott, egyszer kijelentette:
– Nem hiszek a jótékonyságban.

Miután észrevette a megrökönyödést tanítványai arcán, hozzátette:

– A jótékonykodással szolgasorba döntöd az embereket. Bármilyen anyagi adománynál többet ér, ha megosztod bölcsességedet másokkal, hogy képessé váljanak saját erejükből segíteni magukon.

• • •

– A rossz szokást egykettőre megváltoztathatjuk – mondta a Mester egy segítségét kérő tanítványnak. – A szokások az elme összpontosításának eredményei. Te eddig egy bizonyos gondolkodásmódot követtél. Ha ki akarsz alakítani egy új és helyes szokást, egyszerűen összpontosítsd elméd az ellenkező irányba!

• • •

– Ha megtanuljátok, hogyan legyetek boldogok a

jelenben, már rá is leltetek a helyes útra, amely Istenhez vezet – mondta a Mester tanítványai egy csoportjának.

– Akkor hát igen kevesen élnek a jelenben – jegyezte meg a hívek egyike.

– Valóban – felelte Paramahanszadzsí. – A legtöbben a múlt és a jövő gondolataiba merülve élnek.

• • •

Egy növendék, akit számos csalódás ért, kezdte elveszíteni Istenbe vetett hitét. Így szólt hozzá a Mester:

– Abban a pillanatban kell a legszorosabban kapaszkodnod az Istenanya szoknyájába, amikor a legkeményebb csapásokkal sújt.

• • •

A Mester a pletykálkodás veszedelmeit taglalván így szólt tanítványai egy csoportjához:

– Az én gurum, Srí Juktesvar azt szokta mondani: „Ha nem olyasmiről van szó, amit mindenkivel közölhetek, akkor nem akarom hallani."

• • •

– Az embert és a *maját* egyaránt az Úr hozta létre – mondotta a Mester. – A káprázat állapotait (a haragot, a kapzsiságot, az önzést és így tovább) Ő ötlötte ki, nem mi. Az Úr feladata megtervezni a próbatételeket életünk akadályversenyében. Egy nagy indiai szent így szokott imádkozni: „Mennyei Atyám, nem én kértem, hogy megalkoss engem; de ha már megtetted, kérlek, bocsáss be a Te Szellemed birodalmába." Ha imígyen szólsz szeretettel Istenhez, Ő bizonnyal elvezérel téged Otthonodba.

• • •

– Ne engedd, hogy felszínes ismerőseid dicséretei befolyásoljanak! – mondotta a Mester. – Kérd ki inkább igaz barátaid véleményét, akik segítenek jobbá válnod, sosem hízelegnek neked, és nem nézik el hibáidat! A valódi barátok őszinte szavaival Isten vezérel téged.

• • •

Egy ízben két növendék állított be együtt a Mt. Washington Központba képzésre. A hívek igen nagyra tartották őket. A két növendék azonban rövid idő múltán végleg távozott. A Mester így szólt az asram bentlakóihoz:

– Rátok jó benyomást gyakoroltak a tetteik, én azonban a gondolataikat figyeltem. A bensőjükben

120

zabolátlan vadócok voltak ők ketten, noha látszólag minden szabályt betartottak. A jó magaviselet nem lehet tartós, ha az ember nem sajátítja el a megfelelő eszközöket elméje megtisztítására.

• • •

Egy férfi mélységesen vonzódott Paramahanszadzsíhez, mégsem volt hajlandó követni tanácsait. A Mester azt mondta róla:

– Nincs okom bosszankodni miatta, hiszen bár számos hibát követ el, a szíve sóvárog Isten után. Ha engedné, én egykettőre elvezetném az Isteni Hajlékba, azonban idővel így is eljut oda. Egy Cadillac ő, amely megfeneklett a sárban.

• • •

Egy elégedetlen növendéket a Mester így intett:

– Ne kételkedj, másként Isten el fog távolítani a rendházból! Rengetegen jönnek ide csodát keresve, azonban az igazi mesterek nem fitogtatják Istentől kapott hatalmukat, hacsak Ő úgy nem parancsolja nekik. Az emberek zöme nem érti meg, hogy a legnagyobb csoda mind közül az volna, ha az Ő akaratának alázatosan engedelmeskedve átalakítanák életüket.

•   •   •

– Isten határozott céllal küldött e világra benneteket – mondotta a Mester. – Összhangban áll-e viselkedésetek ezzel a céllal? Azért jöttetek e világra, hogy teljesítsétek isteni küldetéseteket. Ébredjetek rá, milyen roppant fontos dolog ez! Ne engedjétek, hogy a korlátolt ego akadályként álljon e végtelen cél elérésének útjába.

•   •   •

Egy tanítvány azzal mentegette magát, amiért nem halad előre a spirituális fejlődésben, hogy nehezen tudja leküzdeni a hibáit.

Paramahanszadzsí ösztönösen ráérzett a mélyebben rejlő okra, és így szólt:

– Az Úr nem bánja a hibáidat. Őt a közönyöd zavarja.

•   •   •

Amikor a Mester 1923-ban elhagyni készült Bostont, hogy az egész kontinenst átszelő utazáson terjessze a Self-Realization Fellowship tanításait, egyik növendéke megjegyezte:

– Uram, tehetetlennek fogom érezni magam spirituális útmutatásod nélkül.

Mire a mester így felelt:
– Ne rám támaszkodj. Támaszkodj Istenre.

• • •

Az asram bizonyos tanítványainak, akik hétvégenként gyakorta meglátogatták régi barátaikat, a Mester azt mondta:

– Csak nyugtalanságot ébresztetek magatokban, és az időtöket pazaroljátok. Azért jöttetek ide, hogy ráeszméljetek Istenre, most pedig becsapjátok magatokat, mert szem elől tévesztitek a Célt. Miért kerestek szórakozást a külvilágban? Találjatok rá az Úrra, és nyomban meg fogjátok érteni, mi hiányzott nektek eddig!

• • •

Két ifjú tanítvány gyakran időzött egymás társaságában a remetelakban. A Mester így szólt hozzájuk:

– Önmagatokat szűkítitek be, ha csak egyetlen vagy épp egy maroknyi emberhez kötődtök, mindenki mást kirekesztve. Az efféle magatartás gátat vet az egyetemes rokonszenv kibontakozásának. Ki kell terjesztenetek vonzalmatok birodalmának határait. Árasszátok szereteteteket az egész világra, hiszen Isten mindenben ott lakozik!

123

• • •

Midőn egy este tanítványai egy csoportjának társaságában sétálgatott a csillagokat szemlélve, a Mester így szólt:

– Mindnyájan temérdek aprócska csillagból, atom-csillagokból álltok. Ha életerőtök kiszabadulna az ego korlátai közül, azon vennétek észre magatokat, hogy az egész világegyetem tudatára ébredtek. A legáhítatosabb hívek haláluk pillanatában érzik, amint tudatuk szétterjed a végtelen űrben. Gyönyörűséges élmény ez.

• • •

A Mester így szólt a San Diego-i Self-Realization Templom gyülekezetéhez:

– Emlékeztessen benneteket e templom a saját bensőtökben emelkedő katedrálisra, amelyet fel kell keresnetek az éjszaka közepén és a hajnal világánál. Ott elmerülhettek az *Aum* hatalmasan zengő orgonamuzsikájában, és meghallhatjátok benne az isteni bölcsesség szentbeszédét.

• • •

Egy este, miközben a tanítványokkal beszélgetve

üldögélt, a Mester azt mondta:

– Az anyagi javak mit sem jelentenek nekem, a barátságot azonban igen nagy becsben tartom. Igazán jó társaságban az ember még arról is futó képet nyerhet, hogy milyen a Leghívebb Barát.

Majd rövid szünet után így folytatta:

– Soha ne legyetek hűtlenek egy baráthoz, és ne áruljatok el senkit! Ilyesmit tenni az egyik legsúlyosabb bűnnek számít az Isteni Ítélőszék előtt.

• • •

Paramahanszadzsí épp indulóban volt a Mt. Washington Központból, hogy megtartson egy előadást, ám pár percre megállt, hogy beszéljen az egyik tanítvánnyal. Azt mondta neki:

– Érdemes gondolataidról naplót vezetni. Mielőtt nyugovóra térnél, minden este ülj le egy kis időre, és vedd számba a napodat! Figyeld meg, merre fejlődsz! Tetszik neked életed alakulásának iránya? Ha nem, változtass rajta!

• • •

A Mester kapott egy televíziót. A készüléket egy közös helyiségben helyezték el, ahol valamennyi tanítvány nézhette. Ám ők olyan gyakran keresték fel a tévészobát, hogy a Mester végül így szólt hozzájuk:

– Amíg nem találtátok meg Istent, jobban teszitek, ha nem keresitek a szórakozást. A mulatságot hajszolni annyit jelent, mint megfeledkezni Róla. Először tanuljátok meg szeretni és megismerni Őt! Azután már bármit tehettek, hiszen Ő mindig ott lesz a gondolataitokban.

• • •

– Az érzéki örömökben való elmerülést csömör és undor követi – mondotta a Mester. – E kétféle tapasztalat szüntelen ismétlődése szeszélyessé és állhatatlanná teszi az embert. A *máját*, avagy a káprázat állapotát az ellentétpárok jellemzik. Az áhítatos hívő azáltal, hogy Istenen, az Egyetlen Egységen elmélkedik, kirekeszti elméjéből gyönyör és szenvedés váltakozó hullámait.

• • •

– Mester, ha már idősebb leszek, és többet láttam az életből, akkor majd lemondok mindenről, és Isten keresésének szentelem magam. Jelen pillanatban azonban túl sok mindent szeretnék megismerni és megtapasztalni – mondta egy növendék.

Miután a növendék távozott a remetelakból,

Paramahanszadzsí megjegyezte:

– Ő még mindig azt hiszi, hogy a szexualitás egyenlő a szeretettel, a „kacatok" pedig a gazdagsággal. Úgy fog járni, mint az egyszeri ember, akinek a felesége hűtlen lett, a háza pedig leégett. Emberünk a veszteségein tűnődve eltökélte, hogy „mindenről lemond". Csakhogy az Urat vajmi kevéssé hatja meg az effajta „önmegtagadás". A növendék, aki az imént félbehagyta itteni képzését, csak akkor lesz hajlandó „lemondani mindenről", amikor már semmi anyagi feláldoznivalója nem marad.

• • •

– Nem tűnik valami gyakorlatias dolognak Istenről elmélkedni – jegyezte meg egy látogató.

A Mester így felelt:

– Ez a világ véleménye. És vajon boldog hely a világ? A valódi öröm kisiklik azok markából, akik elhagyják Istent, hiszen Ő maga az Üdvös Boldogság. Az Ő hívei a békesség belső mennyországában élnek már itt a földön is, ám akik megfeledkeznek Róla, azok egy önmaguk teremtette alvilágban morzsolják napjaikat bizonytalanul és kiábrándultan. Istennel „összebarátkozni" tehát nagyon is gyakorlatias viselkedés.

• • •

127

Paramahanszadzsí megkérte az egyik tanítványt, hogy lásson el egy feladatot a Self-Realization egyik lelkigyakorlatos házában a sivatagban. Az ájtatos hívő vonakodva indult el, mert aggódott a Mt. Washington Központban hátrahagyott kötelezettségei miatt.

– Te most kizárólag a sivatagi lelkigyakorlatos házban rád váró új munkáddal törődj! – mondta neki a Mester. – Ne ragaszkodj semmihez! Mindenkor lelki nyugalmadat megőrizve fogadd a változásokat, és bármilyen kötelességekkel találod is szembe magad, teljesítsd őket az isteni szabadság szellemében! Ha Isten ma azt mondaná nekem: *Térj haza!*, én anélkül hagynám itt minden kötelezettségemet (a szervezetet, az épületeket, a terveket, az embereket), hogy egyszer is hátrapillantanék, és sietnék engedelmeskedni Neki. A világ irányítása az Ő felelőssége. Ő a Cselekvő, nem te vagy én.[51]

• • •

– Gurudzsí – kérdezte egy tanítvány –, ha visszatérhetnél az időben addig a pillanatig, amikor a Mestered felkért, hogy vállalj szervezőmunkát, örömest egyeznél bele

---

[51] Lásd az „ego" szót a szójegyzékben.

– tudván tudva, hogy mekkora terhet jelent a felelősség, amelyet számos másik emberért viselsz?

A Mester így felelt:

– Hát persze, hiszen az ilyen munka önzetlenségre tanít.

• • •

Paramahanszadzsínek gyakran feltették az örök kérdést, hogy miért engedi meg Isten a szenvedést. Ilyenkor türelmesen újra meg újra elmagyarázta:

– A szenvedést a szabad akarattal való visszaélés okozza. Isten megadta nekünk a képességet, hogy elfogadjuk vagy elutasítsuk Őt. Isten nem akarja, hogy csapások érjenek bennünket, ám nem is avatkozik közbe, amikor olyan cselekedeteket választunk, amelyek gyötrelemhez vezetnek. Az emberek nem szívlelik meg a szentek bölcsességét, ám azt elvárják, hogy rendkívüli körülmények vagy csodatettek mentsék meg őket, amikor bajba kerülnek. Az Úr bármit megtehet; ám Ő tisztában van vele, hogy az emberek szeretetét és helyes magatartását nem lehet csodatettekkel megvásárolni.

Majd így folytatta:

– Isten a gyermekeiként küldött ki bennünket a világba, és ebben az isteni szerepben kell visszatérnünk

Hozzá. Az újraegyesüléshez az egyetlen út a saját szabad akaratod gyakorlásán át vezet. Égen-földön semmilyen más erő nem hajthatja ezt végre helyetted. Ám amikor őszintén, a lelked mélyéből szólítod őt, Isten küld néked egy gurut, aki visszavezet téged a fájdalom vadonjából az Ő hajlékába, ahol örökkévaló öröm honol. Az Úr szabad akarattal ruházott fel téged, úgyhogy nem cselekedhet önkényúrként. Noha Isten Mindenható Erő, ha te a bűnös cselekedetek útját választod, Ő nem tesz arról, hogy megszabadulj a szenvedéstől. Hát igazságos dolog elvárni Tőle, hogy levegye terheidet a válladról, ha gondolataid és cselekedeteid szemben állnak az Ő törvényeivel? A boldogság titka Isten etikai kódexének betartásában rejlik, ahogyan azt a Tízparancsolatban kinyilatkoztatta.

• • •

Paramahanszadzsí gyakran figyelmeztette tanítványait a spirituális tunyaság veszélyeire.

– A percek fontosabbak az éveknél – hangoztatta. – Ha életed perceit nem töltöd ki Istennek szentelt gondolatokkal, az évek tovasuhannak, és amikor a legnagyobb szükséged lesz Őreá, talán képtelen leszel megérezni jelenlétét. Ha azonban életed perceit istenes törekvésekkel töltöd ki, e törekvések automatikusan éveidet is áthatják.

• • •

Az ősi Indiában a *guru* kifejezést csak a Krisztushoz hasonló mesterekre alkalmazták, akik képesek voltak az isteni feleszmélést a tanítványaiknak is átadni. A hívek a szent szövegek rendelkezéseit követve azáltal tették magukat spirituálisan fogékonnyá, hogy feltétel nélkül engedelmeskedtek a szent tanítómester oktatásának. A nyugati emberek olykor kifogásolják a személyes szabadság effajta önkéntes alávetését a másik ember akaratának, a Mester azonban azt mondta:

– Amikor az ember rátalált a gurujára, feltétlen odaadással kell viszonyulnia hozzá, hiszen Ő Isten eszköze. A guru egyetlen célja eljuttatni tanítványát az Önvalóra-ébredésig; a guru az áhítatos hívőtől kapott szeretetet továbbadja Istennek. Amennyiben a spirituális tanítómester úgy találja, hogy növendéke összhangban van vele, gyorsabban tudja tanítani őt, mint egy ellenszegülő növendéket. Én nem a vezetőtök, hanem a szolgálótok vagyok. Olyan, miként a por a lábatok előtt. Én látom bennetek Isten mását, és meghajlok mindnyájatok előtt. Csupán arról az ujjongó örömről szeretnék beszámolni nektek, amelyet Őbenne érzek. Nem személyes becsvágy munkál bennem, hanem ama legmagasabb törekvés, hogy e föld minden emberével megosszam spirituális örömömet.

• • •

Az asram bentlakóihoz intézett egyik beszédében Srí Jógananda azt mondta:

– A spirituális életben az ember épp olyanná válik, miként a kisgyermek: megszabadul minden neheztléstől és köteléktől, s eltelik élettel és örömmel. Ne hagyjátok, hogy bármi megsebezzen vagy megzavarjon benneteket! Őrizzétek meg benső nyugalmatokat, s legyetek fogékonyak az Isteni Hangra! Szabadidőtöket töltsétek meditációban! Soha életemben nem ismertem oly nagy világi gyönyörűséget, amilyen a *Krija-jóga* spirituális öröme. Nem adnám ezt Nyugat minden kényelméért, sem a világ összes aranyáért. A *Krija-jóga* révén lehetővé vált számomra, hogy boldogságomat mindenhová magammal vigyem.

• • •

A Mester számos feledhetetlen szóképet alkotott spirituális mondanivalója szemléltetésére.

– Íme az emberi élet – jegyezte meg egyszer. –
Elkészítesz egy pikniket, mire váratlanul rád ront
egy medve, felborítja az asztalt, és te kénytelen vagy
elmenekülni. Az emberek élete ehhez hasonlóan alakul:
sokat dolgoznak egy kevéske örömért és biztonságért;
azután rájuk tör a betegség medvéje, a szívük megáll,
és az életük tovaszállt. Miért élnétek ilyen bizonytalan
állapotban? A ti életetekben elsődleges helyet foglalnak el
a lényegtelen dolgok. Engeditek, hogy a legkülönbözőbb
tevékenységek elrabolják időtöket, és a szolgáikká
tegyenek benneteket. Hány év szállt el felettetek már
eddig is ily módon? Miért hagynátok, hogy életetek
hátralévő része is spirituális fejlődés nélkül múljon el? Ha
még ma eltökélitek, hogy nem fogjátok hagyni, hogy az
akadályok eltántorítsanak benneteket, akkor megadatik
nektek az erő a leküzdésükhöz.

• • •

– A lusta sosem találja meg Istent – mondta a Mester.
– A tunya elme az ördög műhelyévé válik. Számos
szannjászít [szerzetes] láttam életemben, akik lemondtak
a munkáról, és végül puszta koldusokká váltak. A
valódi lemondók azok az emberek, akik úgy dolgoznak
meg a betevő falatjukért, hogy semmiféle kívánságot

nem táplálnak magukban munkájuk gyümölcsére nézve, s egyedül az Úr után vágyakoznak. A lemondás e fajtáját gyakorolni igen nehéz, ám ha olyan hőn szereted Istent, hogy minden cselekedeteddel az Ő kedvét keresed, máris szabad vagy. Ha arra gondolsz, hogy: „Én egyedül Istenért munkálkodom", szereteted oly áradóvá válik, hogy semmilyen más gondolatnak és célkitűzésnek nem marad helye elmédben azon kívül, hogy Őt szolgáld és imádd.

• • •

– Vedd észre Isten oltárát a csillagokban, a föld alatt, és érzéseid lüktetésén túl! – mondotta a Mester. – Ő, az elhagyatott Valóság ott rejlik mindenütt. Ha állhatatosan követed az utat, és rendszeresen meditálsz, meg fogod pillantani Őt arany fényköntösében, amely végignyúlik az örökkévalóságon. Minden egyes gondolat mögött meg fogod érezni üdvös boldogságot árasztó jelenlétét.

Ha csak beszélünk Istenről, az édeskevés. Sokan szólottak Róla; sokan tűnődtek Rajta; sokan olvastak Róla. Azonban kevesen ízlelték meg az Ő örömét. Csak e kevesek ismerik Őt. Márpedig ha megismerted Istent, többé nem pusztán a távolból imádod, hanem eggyé válsz Vele. És ekkor Jézushoz és az összes többi mesterhez hasonlóan te is elmondhatod: „Én s az én Atyám egyek vagyunk."

• • •

Mondá a Mester:

– Ha elég mélyre merültök, spirituális szemetek[52] segítségével beleláttok a negyedik dimenzióba[53], amely a benső világ csodáitól tündököl. Nehéz eljutni ide, de mily gyönyörűséges e világ! Ne elégedjetek meg a meditációtokból fakadó cseppnyi békességgel, hanem szomjúhozzátok újra meg újra az Ő üdvös boldogságát! Nektek azt kell suttognotok nappal és éjjel, amíg mások alszanak, vagy vágyaik betöltésére fordítják energiájukat, hogy: „Én Uram, én Uram, én Uram!" És Isten idővel áttör a sötétségen, s ti megismerhetitek Őt. E világ csúf hely a Szellem pompás birodalmához hasonlítva. Eltökéltséggel, áhítattal és hittel döntsétek le az isteni éleslátás korlátait!

• • •

– Karácsony táján a Krisztus-tudat erőteljes rezgéseit érezni a levegőben – mondotta a Mester. – Akik

---

[52] Lásd a szójegyzéket.
[53] Lásd az „asztrális világok" kifejezést a szójegyzékben.

áhítatuk és mély, tudományos alapú meditációjuk révén ráhangolódnak, azok képesek lesznek fogni ezeket az isteni rezgéseket. Márpedig múlhatatlan spirituális jelentőséggel bír minden ember számára, vallásától függetlenül, hogy megtapasztalja magában az egyetemes Krisztus e „megszületését". A kozmosz az ő teste, amelyben a Krisztus-tudat mindenütt jelen van. Ha képes vagy rá, hogy lehunyd a szemed, és meditáció révén egészen addig tágítod tudatosságodat, amíg az egész világegyetemet saját testedként érzékeled, Krisztus a bensődben születik újjá. A tudatlanság minden felhője szertefoszlik, amint lehunyt szemed sötétje mögött megpillantod az isteni kozmikus fényt.

Krisztust az igazságban kell imádni: először a lélekben meditáció révén; másodszor pedig a formában azáltal, hogy még az anyagi világban is érzékeljük jelenlétét. Elmélkednetek kell Krisztus eljövetelének valódi jelentésén, és éreznetek kell, ahogyan áhítatotok mágnese bensőtökbe vonzza az ő tudatát. Ez a karácsony valódi célja.

• • •

Az egyensúly kulcsfontosságú szó Paramahanszadzsí tanításaiban.

– Ha gyakoroljátok a mély meditációt, elmétek egyre intenzívebben fordul Isten felé – mondotta. – Mindazonáltal nem szabad elhanyagolnotok világi kötelességeiteket! Ahogy megtanuljátok valamennyi feladatotokat békés elmével elvégezni, képessé váltok gyorsabban, összpontosítottabban és hatékonyabban cselekedni. Ekkor rá fogtok döbbenni, hogy bármivel foglalkozzatok is, tevékenységeiteket áthatja az isteni tudat. Ez az állapot azonban csak azután jön el, miután gyakoroltátok magatokat a mély meditációban, és fegyelemmel rászoktattátok elméteket, hogy kötelességeitek elvégzését követően nyomban visszatérjen Istenhez, s ha azzal a gondolattal végzitek őket, hogy egyedül Istent szolgáljátok.

• • •

– A bűnbánat nem pusztán a vétkes cselekedet miatti sajnálkozást jelenti, hanem azt is, hogy a jövőben tartózkodunk e cselekedet elkövetésétől – mondotta a Mester. – Amikor az ember őszinte megbánást tanúsít, eltökéli magát, hogy elfordul a gonosztól. A szív gyakran igen kemény; nem indítható meg egykönnyen. Lágyítsátok meg szíveteket imádsággal, és az isteni áldás nem marad el!

137

• • •

– A bölcsesség útmutatását kövessétek! – mondta a Mester. – A múltbéli rossz cselekedetek elszórták magvaikat az elmétekben. Ha a bölcsesség tüzére vetitek e magvakat, „megperzselődnek" és terméketlenné válnak. Mindaddig nem érhetitek el a felszabadulást, amíg múltbéli cselekedeteitek magvait meg nem égettétek a bölcsesség és meditáció tüzén. Ha el akarjátok oszlatni múltbéli cselekedeteitek negatív hatásait, meditáljatok! Bármit tettetek is, az visszafordítható. Ha nem fejlődtök spirituálisan, megpróbáltatásaitok ellenére is újra meg újra kell próbálkoznotok! Amikor jelen erőfeszítéseitek meghaladják a múltbéli cselekedeteitek által előidézett karma hatását, akkor szabadok lesztek!

• • •

Egyik előadásában Paramahanszadzsí így beszélt:
– Krisztus arra intett, hogy „szeresd felebarátodat, mint tenmagadat". Ám a lélekből fakadó tudás nélkül, amely révén ráébredhetsz, hogy valóban minden ember azonos „tenmagaddal", nem követheted Krisztus parancsolatát. Az én szememben nincs különbség az emberek között, én ugyanis mindnyájukat Isten gyermekének látom. Senkire sem tudok idegenként gondolni.

– Egyszer New York Cityben három útonálló vett körül. „Pénzt akartok?" – kérdeztem. „Vigyétek!" – és odanyújtottam nekik a tárcámat. Épp a felettes tudat állapotában voltam. A férfiak nem nyúltak a tárcámért. Végül az egyikük így szólt:

„Bocsánatodat kérem. Nem tudjuk megtenni." Ezzel elfutottak.

– Egy másik éjjel New Yorkban, a Carnegie Hall közelében, ahol épp akkor fejeztem be az előadásomat, egy fegyveres férfi lépett oda hozzám, és így szólt:

„Tudja maga, hogy le is puffanthatom?"

„Miért tenné?" – kérdeztem higgadtan. Az elmém Istenre összpontosult.

„Mert a demokráciáról prédikál." A férfi nyilvánvalóan elmeháborodott volt. Egy darabig némán álltunk egymással szemben, majd támadóm azt mondta: „Bocsásson meg! Ön kiűzte belőlem a gonoszt." Ezzel egy szarvas fürgeségével iramodott neki az utcán.

– Akik összhangban vannak Istennel, képesek megváltoztatni az emberek érzésvilágát.

•   •   •

– Ha pusztán kijelentjük, hogy a világ egy álom, ám nem próbálunk meditációval ténylegesen ráébredni

139

kijelentésünk igazságára, az könnyen vakbuzgósághoz vezethet – mondotta a Mester. – A bölcs ember megérti, hogy jóllehet a halandó élet álom, álombéli szenvedéssel van teli. Tudományos módszereket alkalmaz, hogy felébredhessen.

• • •

Amikor a Self-Realization Fellowship székházának kápolnája felújításra került, egy tanítvány azt javasolta, hogy az egyik falfülkébe helyezzenek egy „örökmécsesnek" nevezett szentséglámpást, amelyet Paramahanszadzsí gyújtson meg.

A Mester így felelt:

– Szeretném úgy érezni, hogy az Isten iránti áhítat lámpása, amelyet a ti szívetekben meggyújtottam, örökkévaló. Más fényre nincsen szükség.

• • •

Az 1951-es esztendő folyamán Paramahanszadzsí gyakran utalt rá, hogy e földön hátralévő napjai meg vannak számlálva.

– Uram – kérdezte egy elkeseredett tanítvány –, amikor majd nem látunk többé, akkor is olyan közel leszel hozzánk, mint most vagy?

A Mester szeretetteljesen elmosolyodott, és azt mondta:

— Akik gondolataikkal a közelükbe idéznek, azokhoz közel leszek.

A SZERZŐRŐL

*„Paramahansza Jógananda életében tökéletes
kifejezést nyert Isten szeretetének és az emberiség
szolgálatának eszménye... Noha Jógananda
életének javarészét Indián kívül töltötte, azért
méltán foglal helyet nagy szentjeink sorában.
Munkássága folyamatosan gyarapszik és
egyre fényesebben ragyog, világszerte a
Szellem zarándoklatának ösvényére vonzva az
embereket."*

India kormánya e szavakkal méltatta a Self-
Realization Fellowship, illetve az indiai Yogoda
Satsanga alapítóját azon alkalomból, hogy 1977. már-
cius 7-én, a Mester elhunytának huszonötödik évfordu-
lóján egy emlékbélyeget bocsátottak ki tiszteletére.

Paramahansza Jógananda 1920-ban érkezett
az Egyesült Államokba a Vallási Szabadelvűek
Nemzetközi Kongresszusának indiai küldötteként.
1925-ben megnyitotta a Self-Realization Fellowship
nemzetközi székházát Los Angelesben, és ekkortól
váltak hozzáférhetővé nyomtatásban *Az Önvalóra*

ébredés leckéi a Krija-jóga meditáció tudományáról és a spirituális életvitel művészetéről a növendékek számára szerte a világon. E tanítások leghangsúlyosabb eleme a test, az elme és a lélek kiegyensúlyozott fejlesztése; céljuk pedig Isten közvetlen és személyes megtapasztalása.

„Paramahansza Jógananda nem csupán az Istenre eszmélés örök ígéretét hozta el Indiából a nyugati világnak, hanem egy gyakorlati módszert is, melynek révén a spirituális ébredés legkülönbözőbb társadalmi állású várományosai sebesen haladhatnak előre e cél felé – írta ifj. Quincy Howe, az ókori nyelvek professzora a Scripps Főiskolán. – India spirituális öröksége, melyet a nyugati világban eredetileg csak a legfennköltebb és legelvontabb szinten értékeltek, most végre gyakorlati tapasztalatként is rendelkezésére áll mindazoknak, akik nem a túlvilági életben, hanem itt és most óhajtják megismerni Istent.... Jógananda mindnyájunk számára elérhetővé tette az elmélkedés legmagasztosabb módszereit."

Napjainkban a Paramahansza Jógananda által megkezdett spirituális és humanitárius munka Chidananda testvér, a Self-Realization Fellowship, az indiai Yogoda Satsanga Society elnöke irányításával folyik. A Paramahansza Jógananda életéről és

munkásságáról készült, díjnyertes dokumentumfilmet
2014 októberében mutatták be.

PARAMAHANSZA JÓGANANDA:
JÓGI AZ ÉLETBEN ÉS A HALÁLBAN

Paramahansza Jógananda 1952. március 7-én a kaliforniai Los Angelesben lépett be a *mahaszamádhi* (a jógi végső, tudatos kilépése a testből) állapotába, miután megtartotta beszédét a H. E. Bináj R. Szen, India nagykövete tiszteletére adott banketten.

A világ nagy tanítómestere nem csupán életében, de halálában is ékes bizonyságát adta a jóga (az istenre eszmélés tudományos technikái) értékének. Változatlan arca hetekkel azután is az enyészhetetlenség isteni fényét sugározta, hogy eltávozott e világból.

Harry T. Rowe úr, a Los Angeles-i Forest Lawn temető (itt nyugszik ideiglenesen a nagy mester teste) halottasházának igazgatója közjegyzőileg hitelesített levelet küldött a Self-Realization Fellowshipnek, amelyből az alábbi szemelvényeket ezennel közreadjuk:

„A legkivételesebb esetnek számít gyakorlatunkban, hogy a feloszlás semminemű látható jele nem mutatkozott Paramahansza Jógananda holttestén... Még halála után húsz nappal sem volt észlelhető semmiféle fizikai bomlás a testen... Penészfoltok nem jelentkeztek a bőrön, és a testszövetek kiszikkadása (összeszáradása) sem következett be. A holttest tökéletes konzerválódásának eme állapota – amennyire a halottasházi feljegyzések alapján megítélhetjük – mindeddig példa nélkül áll... Jógananda testének átvételekor a halottasház személyzete arra számított, hogy az érckoporsó üvegfedelén át a testi feloszlás szokásos előrehaladásának jeleit figyelheti meg. Elképedésünk tovább fokozódott, amikor nap nap után telt el anélkül, hogy bármilyen észrevehető változás végbement volna a megfigyelt testen. Jógananda teste szemmel láthatóan a változhatatlanság valamiféle tüneményes állapotában volt...

Testéből sosem áradt a feloszlás semmiféle szaga... Jógananda fizikai megjelenése pontosan ugyanolyan volt március 27-én, mielőtt a koporsó bronztetejét a helyére tették, mint március 7-én. Jógananda március 27-én éppoly frissnek s az enyészet által kikezdhetetlennek látszott, mint halála éjszakáján. Március 27-én semmi okunk nem volt azt mondani, hogy teste a legcsekélyebb fizikai bomláson is keresztülment. Mindezekből kifolyólag ismét leszögezzük, hogy Paramahansza Jógananda esete egyedülálló a gyakorlatunkban."

TOVÁBBI SEGÉDESZKÖZÖK PARAMAHANSZA JÓGANANDA KRIJA-JÓGA TANÍTÁSAINAK ELSAJÁTÍTÁSÁHOZ

A Self-Realization Fellowship célkitűzése önzetlen segítséget nyújtani az istenkeresőknek világszerte. Évente megtartott nyilvános előadás-sorozatainkkal és tanfolyamainkkal, a templomainkban és központjainkban világszerte nyújtott meditációs szolgáltatásokkal és ösztönző munkával, a lelkigyakorlatok időpontjaival, illetve egyéb tevékenységekkel kapcsolatos információkért kérünk, látogass el webhelyünkre vagy Nemzetközi Központunkba:

www.yogananda.org

Self-Realization Fellowship
3880 San Rafael Avenue
Los Angeles, CA 90065-3219
(323) 225-2471

A SELF-REALIZATION FELLOWSHIP LECKÉI

Személyes útmutatás és oktatás Paramahansza Jóganandától a jóga-meditáció technikáival és a spirituális élet elveivel kapcsolatban

Ha úgy érzed, hogy vonzódsz Paramahansza Jógananda spirituális tanításaihoz, arra buzdítunk, hogy jegyezd elő a *Self-Realization Fellowship Lessons*-t.

Paramahansza Jógananda azért alkotta meg ezt az otthoni tanulásra szánt sorozatot, hogy lehetőséget biztosítson az őszinte istenkeresőknek ama ősi jóga-meditációs technikák – többek között a *Krija-jóga* tudományának – elsajátítására és gyakorlására, amelyeket elhozott a nyugati világ számára. A *Lessons* (Leckék) egyben Srí Jógananda gyakorlati útmutatásait is tartalmazzák, amelyek révén elérhetjük a kiegyensúlyozott testi, szellemi és spirituális jólét állapotát.

A *Self-Realization Fellowship Lessons* jelképes öszszegért (a nyomda- és postaköltség fedezésére) szerezhetők be. A Self-Realization Fellowship szerzetesei és apácái minden növendéket bőkezűen ellátnak személyes útmutatásaikkal gyakorlatához.

További információkért...

A Leckéket bemutató ingyenes, teljes körű ismertető csomag a www.srflessons.org oldalán rendelhető meg.

A SELF-REALIZATION FELLOWSHIP
CÉLKITŰZÉSEI ÉS ESZMÉNYEI

ahogyan azt az alapító,
Paramahansza Jógananda megfogalmazta
Chidananda testvér, Elnök

Terjeszteni a nemzetek között az Isten közvetlen és személyes megtapasztalását lehetővé tevő konkrét tudományos technikákat.

Tanítani, hogy az élet célja az ember behatárolt, halandó tudatának önerőből történő továbbfejlesztése Isten-tudattá; s eme Istennel való eggyéválás végett világszerte Self-Realization Fellowship templomokat alapítani, illetve arra buzdítani az embereket, hogy emeljenek egyéni templomokat Istennek tulajdon otthonaikban és szívükben.

Feltárni a Jézus Krisztus által tanított eredeti kereszténység és a Bhagaván Krisna által tanított eredeti jóga teljes összhangját és alapvető egységét; és kimutatni, hogy az igazság eme alapelvei valamennyi valódi vallás közös tudományos alapját képezik.

Megvilágítani az egyetlen isteni utat, amelybe végül a valódi vallások összes ösvénye torkollik: a mindennapi, tudományos alapú és áhítatos elmélkedést Istenen.

Megszabadítani az embert hármas szenvedésétől: a testi betegségtől, az elmebeli diszharmóniától és a spirituális tudatlanságtól.

Buzdítani az „egyszerű életre és a magasrendű gondolkodásra"; és terjeszteni a testvériség szellemét valamennyi nép között ama tanítás révén, hogy egységük örökkévaló alapja: rokonságuk Istennel.

Bizonyítani, hogy az elme felsőbbrendű a testnél, a lélek pedig az elménél.

Felülkerekedni a gonoszon jósággal, a bánaton örömmel, a kegyetlenségen kedvességgel, a tudatlanságon bölcsességgel.

Egyesíteni a tudományt és a vallást mögöttes alapelveik egységének tudatosításával.

Síkra szállni a Kelet és Nyugat közötti kulturális és spirituális megértésért, valamint a két világrész legtisztább megkülönböztető jegyeinek kölcsönös megismertetéséért.

Szolgálni az emberiséget önmagunk átfogóbb Énjeként.

PARAMAHANSZA JÓGANANDA
KÖNYVEI MAGYAR NYELVEN

Egy Jógi Önéletrajza

A siker törvénye

Így beszélhetünk Istennel

Tudományos gyógyító megerősítések

Metafizikai meditációk

A vallás tudománya

Hogyan élhetsz félelem nélkül:
Állítsd csatasorba belső erőtartalékaidat

Belső béke:
*A nyugodt tevékenység és a tevékeny nyugalom
művészete*

Paramahansza Jógananda mondásai

Self-Realization Fellowship
3880 San Rafael Avenue
Los Angeles, California 90065-3219
Telefon: (323) 225-2471 • *Fax:* (323) 225-5088
www.yogananda.org

PARAMAHANSZA JÓGANANDA TOVÁBBI MŰVEI

Kaphatóak a könyvesboltokban
vagy online a www.srfbooks.org címen

Autobiography of a Yogi
(Egy jógi önéletrajza)

Autobiography of a Yogi
(Egy jógi önéletrajza, hangoskönyv,
felolvasta Sir Ben Kingsley)

God Talks with Arjuna: *The Bhagavad Gita*

The Second Coming of Christ:
The Resurrection of the Christ Within You

The Yoga of the Bhagavad Gita

The Yoga of Jesus

The Collected Talks and Essays
(Összegyűjtött beszédek és esszék)

Volume I: **Man's Eternal Quest**
Volume II: **The Divine Romance**
Volume III: **Journey to Self-Realization**

Wine of the Mystic:
The Rubaiyat of Omar Khayyam — A Spiritual Interpretation

The Science of Religion
(A vallás tudománya)

Whispers from Eternity

Songs of the Soul

Scientific Healing Affirmations
(Tudományos gyógyító megerősítések)

Where There Is Light:
Insight and Inspiration for Meeting Life's Challenges

In the Sanctuary of the Soul:
A Guide to Effective Prayer

Inner Peace:
How to Be Calmly Active and Actively Calm

Living Fearlessly:
Bringing Out Your Inner Soul Strength
(Benső béke: Hogyan legyünk nyugodtan tevékenyek és tevékenyen nyugodtak?)

How You Can Talk With God
(Így beszélhetünk Istennel)

Metaphysical Meditations
(Metafizikai meditációk)

The Law of Success
(A siker törvénye)

Why God Permits Evil and How to Rise Above It

To Be Victorious in Life

Cosmic Chants

DVD Video

Awake: *The Life of Yogananda*
A CounterPoint Films gyártásában

PARAMAHANSZA JÓGANANDA
HANGFELVÉTELEI

Beholding the One in All

The Great Light of God

Songs of My Heart

To Make Heaven on Earth

Removing All Sorrow and Suffering

Follow the Path of Christ, Krishna, and the Masters

Awake in the Cosmic Dream

Be a Smile Millionaire

One Life Versus Reincarnation

In the Glory of the Spirit

Self-Realization: The Inner and the Outer Path

A SELF-REALIZATION FELLOWSHIP EGYÉB KIADVÁNYAI

*A könyvek, hang és videófelvételek teljes katalógusa
(mely magában foglalja Paramahansza Jógananda
előadásainak egyedi archív anyagát),
megtalálható a www.srfbooks.org oldalán.*

The Holy Science
Swami Sri Yukteswar

Only Love:
Living the Spiritual Life in a Changing World
Sri Daya Mata

Finding the Joy Within You:
Personal Counsel for God-Centered Living
Sri Daya Mata

Intuition:
Soul Guidance for Life's Decisions
Sri Daya Mata

God Alone:
The Life and Letters of a Saint
Sri Gyanamata

"Mejda":
The Family and the Early Life of Paramahansa Yogananda
Sananda Lal Ghosh

Self-Realization
Paramahansza Jógananda által 1925-ben alapított magazin.

SZÓJEGYZÉK

asztrális világok: A fény és öröm szépséges birodalmai, amelyekbe a kellő mértékű spirituális tisztánlátással rendelkező emberek jutnak haláluk után, hogy továbbfejlődhessenek. Még magasabb szintű a kauzális szféra, avagy az ideák szférája. E világok leírása az *Egy jógi önéletrajza* 43. fejezetében található.

Aum vagy óm: Minden hang alapja; Isten egyetemes szimbólum-szava. A Védák (lásd később) *aum*jából alakult ki a tibetieknél a *hum*, a mohamedánoknál az ámin, illetve az egyiptomiaknál, görögöknél, rómaiaknál, zsidóknál és keresztényeknél az ámen szó. Héberül az ámen jelentése *bizonyos, hű*. Az *aum* a Szentlélekből (Láthatatlan Kozmikus Rezgés; Isten az Ő Teremtő aspektusában) kiáradó és mindent átható hang; a Biblia „Igéje"; a teremtés hangja, mely tanúságot tesz a minden atomban ott rejlő Isteni Jelenlétről. Az aumot magunk is meghallhatjuk a Self-Relaization Fellowship meditációs módszereinek gyakorlása révén.

„Ezt mondja az Ámen, a hű és igaz bizonyság, az Isten teremtésének kezdete." (Jel 3,14) „Kezdetben vala az

Ige, és az Ige vala az Istennél, és Isten vala az Ige.... Minden ő [az Ige avagy az *aum*] lett és nála nélkül semmi sem lett, ami lett." (Ján 1,1–3)

Babadzsí: Lahíri Mahásaja guruja (utóbbi Szvámi Srí Juktesvar guruja, aki viszont Paramahansza Jógananda guruja volt). Babadzsí halhatatlan avatár, aki titokban ma is él a Himalájában. A *Mahávatár* avagy „Isteni Megtestesülés" címet viseli. Krisztusi életébe néhány kép erejéig bepillantást kaphatunk Paramahansza Jógananda *Egy jógi önéletrajza* című művéből.

Bhagavad Gita („Az Úr éneke"): A hindu Biblia: az Úr Krisna szent mondásai, amelyeket évezredekkel ezelőtt gyűjtött össze a bölcs Vjásza. Lásd *Krisna.*

dzsí: Tisztelet kifejezésére szolgáló toldalék, amelyet Indiában gyakorta kapcsolnak a nevekhez. Ennélfogva Paramahansza Jóganandára e könyvben helyenként Paramahanszadzsí vagy Jóganandadzsí néven utalunk.

ego: Az ego-elv, az *ahamkára* (szó szerint „én teszem") az alapvető oka a kettősségnek, vagyis az ember és Teremtője látszólagos elkülönültségének. Az *ahamkára* hajtja az emberi lényeket a *májá* (lásd később) uralma alá, amely a szubjektumot (ego) csalókán objektumként tünteti fel; a teremtmények teremtőnek képzelik magukat.

Az ego-tudat száműzése révén az ember ráébred isteni önazonosságára, az Élet egyedüli forrásával, Istennel alkotott egységére.

guru: Spirituális tanítómester, aki megismerteti a tanítványt Istennel. A „guru" kifejezés különbözik jelentésében a „tanítótól", ugyanis az embernek számos tanítója lehet, de csak egy guruja.

intuíció: A „hatodik érzék"; olyan tudás felfogása, amely nem az érzékek vagy az ész gyarló közvetítésével jut el hozzánk, hanem közvetlenül és spontán módon fakad a lélekből.

Istenanya: „A Nem Teremtett Végtelennek a teremtésben résztvevő aspektusára a hindu szentírások Istenanyaként utalnak – írta Paramahanszadzsí. – Az Abszolútum eme megszemélyesített aspektusáról elmondható, hogy »áhítozik« gyermekei helyénvaló viselkedésére, és meghallgatja imáikat. Akik azt képzelik, hogy a Személytelen nem képes személyes formában megnyilvánulni, azok voltaképpen tagadják mindenhatóságát és azt a lehetőséget, hogy az ember bensőséges érintkezést folytasson Alkotójával. Az Úr a Kozmikus Anya formájában gyakorta megjelenik a maga kézzelfogható valóságában a valódi *bhakták* (a Személyes isten hívei) előtt.

Az Úr abban a formában nyilvánul meg az Ő szentjei előtt, amelyet ezek a legbecsesebbnek tartanak. Az ájtatos keresztény Jézust látja; a hindu Krisnát vagy Káli istennőt pillantja meg, vagy éppen a mindent betöltő Fényességet, ha imádata személytelen irányba fordul."

jóga: Szó szerint az ember „egyesülése" Alkotójával az Önmagunkra eszmélés tudományos alapú technikáinak gyakorlása révén. Három fő útja a *Dzsnyána-jóga* (bölcsesség), a *Bhakti-jóga* (áhítat) és a *Rádzsa-jóga* (a „királyi" avagy tudományos út, amelyhez a *Krija-jóga* technikái is tartoznak). A szent tudománnyal foglalkozó, legrégebbi fennmaradt szövegek Patandzsali *Jóga-szútrái*. Bár Patandzsali születésének és halálának dátumát nem ismerjük, egyes tudósok a Kr.e. II. századra teszik munkásságát.

Jógananda: E szerzetesi név két szó összetétele, jelentése „üdvös boldogság (ánanda) az isteni egyesülés (*jóga*) révén."

jógi: Jógagyakorló. Nem kell feltétlenül olyan embernek lennie, aki előírásosan lemondott a világról; a jógi kizárólag az Istenre eszmélés tudományos alapú technikáinak hűséges napi gyakorlásával foglalkozik.

Káli: Mitikus hindu istennő, négykezű nőként ábrázolják.

Az első kéz a természet teremtő erőit jelképezi; a második a kozmikus megőrző szerepet; a harmadik kéz az enyészet megtisztító erőinek szimbóluma. Káli negyedik kezét kinyújtja az áldás és megváltás gesztusaként. Eme eszközökkel szólít vissza az istennő minden teremtett lényt isteni Forrásához. Káli istennő az Istenanya (lásd előbb) egyik jelképe vagy aspektusa.

káprázat: Lásd *májá*.

Karma: A karma kiegyensúlyozó törvénye, ahogyan azt a hindu szentírások részletesen kifejtik, a hatás és ellenhatás, ok és okozat, vetés és aratás törvénye. A természetes igazságosságból kifolyólag minden egyes ember maga alakítja sorsát gondolatai és cselekedetei révén. Bármilyen energiákat hozott is működésbe ő maga bölcsességében vagy balgaságában, azoknak vissza kell térniük hozzá mint kiindulópontjukhoz, egyfajta kérlelhetetlenül végbemenő körforgásként. „A világ olyan, mint egy matematikai egyenlet, mely – tetszésed szerint bárhogy forgatod is – mindig kiegyensúlyozza önmagát. Minden titok elmondatik, minden bűn megkapja büntetését, minden erény elnyeri jutalmát, minden gonosztett jóvá tétetik csendben és bizonyossággal." (Emerson: *Compensation*) A karmának az igazság törvényeként való felfogása arra szolgál, hogy megszabadítsa az emberi elmét az Istennel és az emberekkel szemben táplált nehezteléstől. Lásd *reinkarnáció.*

kozmikus tudat: A Szellem mint a véges teremtésen felülemelkedő létező tudatosítása.

Krija-jóga: Ősi tudomány, amelyet Indiában fejlesztettek ki az Isten-keresők számára. A technikára maga Krisna is dicsérően utal a Bhagavad Gitában, akárcsak Patandzsali a *Jóga-szútrák*ban. A felszabadító tudományt, amely elvezeti gyakorlóját a kozmikus tudat eléréséhez, az SRF tagjainak oktatják.

Krisna: Avatár, aki Indiában élt három évezreddel a keresztény időszámítás előtt, és akinek a Bhagavadgítában (lásd előbb) adott isteni tanácsait számtalan Isten-kereső becsüli nagyra.

Ifjú éveiben Krisna tehénpásztor volt, aki társait furulyájának hangjával bűvölte el. Képletes értelemben Krisna Úr a lelket jelképezi, amely a meditáció furulyáján játszva vezérel vissza minden tévútra jutott gondolatot a mindentudás karámjába.

Krisztus-tudat: A Szellem mint a rezgésalapú teremtés minden egyes atomjában benne rejlő létező tudatosítása.

Lahíri Mahásaja (1828–1895): Srí Juktesvar (lásd később) guruja, és Babadzsí (lásd előbb) tanítványa. Lahíri Mahásaja újjáélesztette a jóga ősi, már-már elfeledett tudományát, s a gyakorlati technikáknak a *Krija-jóga* nevet adta. Csodálatos erőkkel bíró, krisztusi tanító volt, de egyben családapa is üzleti kötelezettségekkel. Küldetése abban állt, hogy széles körben elterjesszen egy modern ember számára is megfelelő jógaformát, amelyben a meditációt a világi kötelességek helyes teljesítése ellensúlyozza. Lahíri Mahásaja *Jógavatár,* avagy „a Jóga megtestesülése" volt.

lélegzet: „A lélegzet kapcsolja az embert a teremtéshez – írta Jóganandadzsí. – A számtalan kozmikus áramlat beözönlése a lélegzet útján nyugtalanságot gerjeszt az ember elméjében. A jógi annak érdekében, hogy megmeneküljön a jelenségek világainak szüntelen áradatától, és belépjen a Szellem végtelenségébe, megtanulja tudományos alapú meditációval elcsitítani légzését."

májá: Kozmikus káprázat, szó szerint „a mérő". A *májá* az a varázslatos erő a teremtett világban, amely révén a behatároltság és a megosztottság látszólag jelen van a Mérhetetlenben és Szétválaszthatatlanban.

Srí Jógananda így ír az *Egy jógi önéletrajzá*ban:

„Nem kell azt képzelnünk, hogy a *májá*val kapcsolatos igazságnak csak a *risik* (hindu bölcsek) voltak tudatában. Az ószövetségi próféták Sátánnak (héberül szó szerint »az ellenség «) nevezték a *máját*. A Sátán avagy *májá* a kozmikus Varázsló, aki az általa létrehozott formák sokfélesége mögé igyekszik rejteni az Egyetlen Forma Nélküli Igazságot. A Sátán egyedüli célja eltéríteni az embert a Szellemtől az anyaghoz. Krisztus szemléletesen ördögként, gyilkosként és hazugként festette le a *máját*. »Az ördög... emberölő volt kezdettől fogva és nem állott meg az igazságban, mert nincsen ő benne igazság. Mikor hazugságot szól, a sajátjából szól; mert hazug és hazugság atyja.« (Ján 8,44)

Mt. Washington Központ: A Self-Realization Fellowship (az indiai Jógada Szatszanga Társaság) nemzetközi székhelye, amelyet Paramahansza Jógananda alapított 1925-ben. A dombtetőn álló telek, amelyről Los Angeles szívére nyílik kilátás, hét és fél hektáron terül el. A fő igazgatási épületben (lásd a XX. oldalon található fényképet) Gurudéva Paramahansza Jógananda szobáit szentélyként őrizték meg. A Self-Realization Fellowship ebből az anyaközpontból terjeszti Paramahanszadzsí tanításait nyomtatott leckék formájában tagjai között, illetve jelenteti meg a Mester egyéb írásait és beszédeit számos könyvben és a *Self-Realization* című negyedéves folyóiratban.

nirvikalpa szamádhi: A *szamádhi* legmagasabb foka, amelyben az ember visszavonhatatlanul egyesül Istennel. Az első, avagy bevezető szakaszt (amelyet transzállapot, testi mozdulatlanság jellemez) *szavikalpa szamádhi*nak nevezik.

Paramahansza: Vallási cím; olyan embert jelöl, aki ura önmagának. E címet a guruja adományozhatja a tanítványnak. A Paramahansza kifejezés szó szerint „legmagasztosabb hattyú". A hattyút a hindu szentírások a spirituális éleslátás jelképeként tartják számon.

reinkarnáció: A hindu szentírások ama részletesen kifejtett tana, miszerint az ember újra meg újra megszületik e földön. A reinkarnáció körforgása akkor ér véget, amikor az ember tudatosan visszaszerzi Isten gyermekeként elfoglalt helyét. „A ki győz, oszloppá teszem azt az én Istenemnek templomában, és többé onnét ki nem jő." (Jel 3,12) A karma törvényének és a belőle szükségszerűen következő reinkarnációnak a megértése számos bibliai passzusból kiviláglik.

A korai keresztény egyház elfogadta a lélekvándorlás tanát, amelyet a gnosztikusok és számos egyházatya egyaránt részletesen ismertettek, köztük Alexandriai Klemen, az ünnepelt Órigenész és az V. századi Szent Jeromos.

Az elméletet először Kr. u. 553-ban nyilvánította eretnekségnek a második konstantinápolyi zsinat. Akkoriban sok keresztény úgy vélte, hogy a reinkarnáció tantétele túlságosan tág tér- és időbeli mozgásteret biztosít az ember számára, s így nem ösztökéli, hogy az azonnali üdvözülésre törekedjen. Manapság számos nyugati gondolkodó fogadja el a karma és a reinkarnáció elméletét, mivel az igazság törvényét látják bennük, amely az élet látszólagos egyenlőtlenségeinek hátterében munkál. Lásd *karma.*

Self-Realization Fellowship (SRF): Non-profit jellegű, nem szektás vallási és oktatási szervezet, amelyet 1920-ban Amerikában alapított Paramahansza Jógananda. Indiai társszervezete a Jógada Szatszanga Társaság (YSS), amelyet 1917-ben alapított Paramahansza Jógananda.

Self-Realization-rend: A Self-Realization-szerzetesrendet Paramahansza Jógananda alapította. A megfelelő képzési idő leteltével a rátermett hívekből a rend szerzetesei és apácái válhatnak. Leteszik az lemondás (az anyagi javaktól való függetlenség), a szüzesség, az engedelmesség (hajlandóság a Paramahansza Jógananda által lefektetett életszabályok követésére), valamint a hűség (elhivatottság a Self-Realization Fellowship, a Paramahansza Jógananda által alapított szervezet szolgálatára) fogadalmát. Paramahanszadzsí utódaiként, aki a Szvámi Sankaracsárja által alapított ősi hindu szerzetesrend Giri-ágának tagja volt, a Self-Realization-rend azon szerzetesei és apácái, akik letették végső fogadalmaikat, szintén az ősi Sankara-rendhez tartoznak. Lásd *szvámi*.

spirituális szem: A bölcsesség „egyetlen" szeme, a prána-csillagkapu, amelyen az embernek be kell lépnie, hogy elérje a kozmikus tudatot. A szent kapun történő belépés módszerét a Self-Realization Fellowship tagjainak oktatják.

Én vagyok az ajtó: „Ha valaki én rajtam megy be, megtartatik, és bejár és kijár majd, és legelőt talál." (Ján 10,9) „Ha azért a te szemed őszinte, a te egész tested is világos lesz; ha pedig a te szemed gonosz, a te tested is sötét." (Luk 11,34–35)

SRF-leckék: Paramahansza Jógananda tanításainak gyűjteményei, amelyeket a Self-Realization Fellowship kéthetente küld el a tagoknak és a növendékeknek.

Srí Juktesvar (1855–1936): Paramahansza Jógananda nagy guruja; a Mester *Dzsnyánavatár*nak, azaz „a Bölcsesség Megtestesülésének" nevezte tanítóját.

szádhu: Olyan személy, aki a *szádhaná*t, vagyis a spirituális fegyelem útját követi; aszkéta.

szamádhi: Felettes tudat. A *szamádhi* a jóga nyolcas ösvényének követésével érhető el, amelyen a *szamádhi* maga a nyolcadik lépés, avagy a végső cél. A tudományos alapú meditáció – az indiai bölcsek által réges-rég kidolgozott jógatechnikák helyes alkalmazása – elvezeti az ájtatos hívőt a *szamádhi,* avagy Istenre eszmélés állapotába. Miként a hullám beleolvad a tengerbe, úgy eszmél rá az emberi lélek önmagára mindenütt jelenlévő Szellemként.

Szat-tat-aum: Atya, Fiú és Szentlélek; avagy Isten mint transzcendens lény vagy *nirgúna,* „tulajdonságok nélkül való" – Kozmikus Tudat a jelenségek világain túli üdvözült ürességben; Isten mint Krisztus-tudat, mely immanensen jelen van a teremtett világban; és Isten mint az *Aum* (lásd előbb), az Isteni Teremtő Rezgés.

Szentlélek: Lásd *aum.*

szvámi: India legősibb szerzetesrendjének tagja, amelyet a VIII. században szervezett újjá Szvámi Sankaracsárja. A szvámi leteszi a szüzesség és a világi törekvésekről való lemondás előírásos fogadalmát; a meditációnak és az emberiség szolgálatának szenteli önmagát. A Szvámi-rendhez tíz besorolási cím kapcsolódik, úgymint *Giri, Purí, Bharátí, Tírtha, Szaraszvatí* és mások. Szvámi Srí Juktésvar (lásd előbb) és Paramahansza Jógananda a *Giri* („hegy") ághoz tartoztak.

Védák: A hinduk négy szent szövege: a *Rig-véda, a Száma-véda, a Jadzsur-véda* és az *Atharva-véda*. A Védák lényegében énekelve és szóban továbbadott irodalmi formát képviselnek. India temérdek szövege között a Védák (elnevezésük a szanszkrit *vid*, azaz tudni szótőből ered) az egyedüli írások, amelyekhez nem társítanak szerzőt. A *Rig-véda* égi eredetet tulajdonít a himnuszoknak, és elmondja nekünk, hogy ezek „ősi időkből" maradtak ránk örökül, új nyelvezetbe átültetve. A Védáknak, amelyeket időről időre isteni kinyilatkoztatásként kapnak meg a *risik*, azaz „látók", a hagyomány szerint sajátjuk a *nitjátva*, vagyis „időtlen véglegesség".